Sabrina Carollo

GALATEO PER TUTTE LE OCCASIONI

GIUNTI DEMETRA

Sommario

Gli schemi

Come giocare bene UNA PARTITA

Le buone maniere non sono un obbligo. È tranquillamente possibile trascorrere una soddisfacente esistenza come orchi (entro i limiti di legge, ovviamente) senza darsi la minima pena nei confronti degli altri. Allo stesso tempo va sfatato il mito secondo cui il bon ton è qualcosa di polverosa ed esclusiva pertinenza della nobiltà di un tempo che fu. In realtà l'educazione, nonostante non rientri nel novero delle norme stabilite dal codice civile, è un insieme di indicazioni che consentono una migliore convivenza con chi ci sta accanto. Le buone maniere sono una forma di comunicazione, altrettanto valida delle parole, utile a trasmettere attenzione, disponibilità, cura, verso se stessi e verso gli altri. Sono essenzialmente il tentativo di essere gentili e non infastidire chi condivide con noi il passaggio su questa terra. Tanto più gradite in quanto non obbligatorie.

Dunque, non regole sterili, confacenti solo ai perditempo e utili esclusivamente a rendere leziosamente cerimoniosa la vita di tutti, come purtroppo in diversi pensano. Allo stesso tempo nemmeno una incontrovertibile, immutabile, ineludibile e intransigente lista di azioni da compiere oppure no. Lo dimostra il fatto che le modalità di comportamento educato variano non solo da paese a paese, ma anche nel tempo. Se per esempio in alcune regioni del mondo lasciare qualcosa nel piatto significa complimentarsi per l'ospitalità abbondante e confortevole dei padroni di casa, in altri è segno di mancato apprezzamento per la qualità del cibo servito. Allo stesso modo, se monsignor Giovanni della Casa nel Cinquecento si scandalizzava nel suo *Galateo* «di chi alza il piede in su la tavola? O di chi si sputa farfalloni fra le gambe? Et di chi si sputa in su le dita?», oggi è (forse/si spera) ormai inutile ragguagliare i più su questo tipo di grossolani errori, focalizzandosi piuttosto sulle – chiamiamole ottimisticamente così – limature. In effetti, dal tempo in cui Baldassar Castiglione trovava necessario specificare che non si comportavano da cortegiani – ovvero da perfetti gentiluomini – coloro che «a tavola poi, minestre, sapori, gelatine, tutte si danno nel volto, e poi ridono», ai nostri giorni è forse più utile ricordare come disporre le posate, cosa scrivere su un biglietto da visita oppure come comportarsi a un battesimo.

La variabilità delle cosiddette regole societarie dipende inoltre anche dal contesto e dalle libere scelte personali: c'è chi ama cerimonie sfarzose così come chi preferisce la sobrietà e la semplicità, ma entrambe le alternative vanno rispettate e hanno un loro valore.

Esiste poi una sorta di sgradevole uso metropolitano secondo cui i modi garbati sono utili solo in occasioni particolari, in cui sfoderare tutto il proprio *savoir faire*, argenteria e tovaglioli in grembo compresi. Errore. Se aspettate di essere al ristorante per evitare di sdraiarvi sulla tavola, se durante le solitarie navigazioni automobilistiche in notturna non vi esimete – complice il buio – da macchinose estrazioni nasali, se preparate i regali di Natale solo per chi siete assolutamente certi che li ricambierà, correte almeno un paio di rischi. Il primo è di non godervi le occasioni speciali perché troppo tesi e attenti a non commettere sbagli nel modo di comportarvi – risultando oltretutto goffamente innaturali – se non proprio quello di uscirvene con qualche clamorosa *gaffe* da dimenticanza. Il secondo è che manchiate di rispetto a voi stessi nella vita di tutti i giorni. Usare accortezze come apparecchiare con attenzione e piacevolezza anche se siete da soli, o curare il proprio aspetto, sono gesti di gentilezza nei confronti di una delle persone più importanti della vostra vita. E un atteggiamento generosamente disponibile nei confronti di se stessi e degli altri non farà che migliorare la vostra vita, rendendola meno afflitta da calcoli e meschinerie. Le buone maniere non sono apparenza da indossare come l'abito scuro nelle occasioni in cui è esplicitamente richiesto per scritto. Sono uno stile di vita da adottare quotidianamente, come biancheria intima morbida e di ottima fattura che (quasi) nessuno vede, ma che vi rende più comodi e a vostro agio in ogni momento.

In qualunque caso, e a qualunque modo siate avvezzi, più o meno raffinato, è importante ricordare che la vera eleganza sta nel cuore prima ancora che nei gesti. Per cui se non avete mai usato un coltello da pesce e vi trovate in una lussuosa circostanza in cui la lucente palettina fa la sua prima apparizione nella vostra vita, è cortese nei confronti di chi cena con voi, e che magari è normalmente avvezzo a simili distinzioni, utilizzarla correttamente, senza contare che con un minimo di pratica vi renderete conto di quanto è più comoda. Allo stesso tempo però è ancora più importante che mani da sempre abituate a cristallerie di Boemia o tovaglie di lino candido e porcellane di squisita fattura, siano comunque disponibili a maneggiare piatti di carta e bicchieri di plastica, quando gliene vengono offerti. Per fare un esempio cinematografico, chi non ricorda la scena del convito serale nella sala ristorante del Titanic – nell'omonimo successo cinematografico –, con un Di Caprio impomatato ma pur sempre estraneo al cerimoniale da tavola della buona società, che cerca di orientarsi tra uno stuolo di bicchieri e posate scintillanti, costantemente messo alla prova dal geloso e altezzoso fidanzato della sua bella innamorata? A niente valgono i modi raffinati del fidanzato, di fronte al suo grossolano disprezzo verso il giovane rivale, e al suo tentativo di metterlo a disagio sottolineandone la mancata abitudine alle buone maniere. Il vero gentiluomo non è chi afferra la posata giusta ostentando la propria educazione per distinguersi, ma chi è capace di mettere a proprio agio il commensale. Se qualcuno pensa che le buone maniere siano uno strumento per emergere, si mostra immediatamente in tutto il suo dubbio gusto.

Dopo questa premessa, inoltriamoci nella pratica. Anzitutto facendo amicizia con gli esercizi fondamentali, quelli su cui si basa tutto l'incontro. Poi imparando gli schemi. Per essere pronti a giocarsi la partita in società, e possibilmente a vincerla.

L'immagine

È TUTTO?

Lo sappiamo tutti, la nostra è la società dell'apparenza. Del look, della superficialità. Vogliamo andare avanti a lamentarci per questo, opponendo fiera e orgogliosa resistenza abbigliandoci come punkabbestia, in una idealistica, forse utopistica, crociata contro la superficialità di un giudizio esteriore? Oppure vogliamo – in un certo senso anche più coraggiosamente – scendere dal nostro castello di kantiana perfezione e farci molto più umanamente i conti?

Questo ovviamente non significa eccedere dal lato opposto, abbandonandosi a una ossessiva e maniacale cura nello scegliere i capi d'abbigliamento, dissolvendo il conto in banca in sete e firme a seconda della tendenza della nuova stagione, e nemmeno nell'ispezionarsi ogni 10 minuti per controllare che non ci siano pieghe sull'abito. Come sempre, ci verrebbe da invocare una sana, sacrosanta via di mezzo, laddove giace sonnecchiosa la virtù. E come sempre, la migliore obiezione degli esseri razionali è stabilire le coordinate matematiche di tale via.

È vero, di fronte alla logica schiacciante il buon senso è qualcosa di algoritmicamente indimostrabile. Eppure esiste, e dovremmo imparare a farci affidamento un po' più spesso. Un metodo utile per individuare almeno approssimativamente in cosa consista il buon senso può essere il cominciare a eliminare gli estremi. Via la testa, via la coda, solo il cuore, recitava un vecchio *pay off* pubblicitario. Aggiungerci un pizzico di studio, un po' di intuito e l'esperienza che deriva dagli errori, altrui e nostri. La variabile che ne risulta è sicuramente meno precisa di un'equazione a quattro cifre, ma il *range* è ragionevolmente gestibile.

Dunque l'immagine. Potremmo dividerla in tre principali categorie: la pulizia, l'abbigliamento e la forma (del corpo, intesa in senso sportivo e non chirurgico). Sono tutti elementi fondamentali del modo di porsi di fronte agli altri, che meritano un'analisi specifica.

Pulizia

Tendenzialmente parrebbe brutto parlarne in un manuale di buone maniere. Eppure quando poi si prende l'autobus, nonostante tutte le numerose e istruttive pubblicità in merito, l'ascella del vicino è sempre più verde. Verrebbe da considerarlo un capitolo scontato per chi legge. Il compromesso che proponiamo è il seguente: i ragguagli in proposito sono per qualche altro lettore che non siete voi.

Sulla pulizia ci sono modalità che variano sulla base delle preferenze – o delle fissazioni – di ognuno: farsi la doccia tutte le mattine piuttosto che tutte le sere, farsela più volte al giorno, lavarsi i capelli tutti i giorni oppure due volte alla settimana. Le condizioni di vita e di lavoro influenzano palesemente le scelte, in questo senso: chi abita in un paesello di montagna di tremila anime si ritroverà a fine giornata con i capelli decisamente più puliti di chi fa il pony express in una grande città, dove smog e fumo insozzano rapidamente le chiome.

Allo stesso modo, un istruttore di step sentirà il bisogno di farsi una doccia anche prima di pranzo, mentre per un impiegato è generalmente sufficiente lavarsi le mani. Consideriamo semmai le inevitabilità comuni a tutti.

✔ Lavarsi le mani, sempre e anche le donne, dopo essere stati in bagno. È una norma igienica fondamentale, troppo spesso disattesa.

✔ Lavarsi il corpo almeno una volta al giorno. Tutto (meglio) o in parti (quelle fondamentali, dài che avete capito!), ma fatelo. È quasi un favore personale. Errato pensare di doverlo fare solo quando si cambia colore.

✔ Lavarsi anche in caso di tintarella. Esistono ormai in commercio numerosi prodotti utili a detergere senza schiarire, quindi niente scuse.

✔ Curare le unghie. Non è necessaria una manicure professionale, basta tenere sostanzialmente le unghie pulite e tutte della stessa lunghezza. Se poi riuscite a smetterla con la onicofagia e le pellicine ancora meglio: le mani divorate sono brutte da vedere, tanto quanto è sgradevole guardare chi si alimenta con se stesso in tal modo.

✔ Lavarsi i denti di frequente. Alla faccia di slogan ingannevoli, non basta una gomma da masticare. Semmai quella è utile come rinforzo in caso di alimentazione verace a base di aglio e cipolla.

✔ Se i capelli devono essere tinti, che tinti siano. Tutti, nella loro interezza. La ricrescita visibile non è giustificabile. Meglio piuttosto un autentico completo grigio.

Per concludere, se non sono particolarmente apprezzati dal buon gusto i *dreadlock* ottenuti da mesi senza shampoo, anche scorticarsi di continuo con la pietra pomice più che di pulizia è sintomo di patologia.

Abbigliamento

Si dice che le T-shirt siano il tazebao dell'uomo moderno. In fondo si tratta dell'esplicitazione di un concetto piuttosto comune, e cioè che con quello che indossiamo mandiamo messaggi. Se sulle magliette il concetto è esplicito, scritto a caratteri più o meno leggibili, il resto dei capi di vestiario parla grazie agli accostamenti, ai colori, alle forme e alle taglie. Vestirsi è esprimersi, e come tale, esistono dei codici di interpretazione più o meno diffusi.

Un manuale di buone maniere non può né deve insegnare cosa comunicare, naturalmente, poiché è qualcosa che attiene alla sfera strettamente privata di ognuno di noi. Allo stesso tempo è necessario far presente che non si può far finta di non sapere leggere il metalinguaggio dell'abito.

Dunque sentitevi liberi di scegliere lo stile che preferite – coloratissimo o mòno tono, a fiori e fantasie oppure in rigoroso gessato, ardito o semplice e così via – ma fatelo con consapevolezza. Trasmettere l'immagine di una persona creativa e vivace, oppure cupa, o ancora seria, sta a voi. Però curate il vostro aspetto. Non tanto per gli altri, quanto per voi stessi: cercate di volervi bene, di infilarvi in qualcosa che sottolinei le vostre parti migliori (sottolineare non significa denudarsi pubblicamente al limite dell'arresto) e che nasconda le peggiori, se questo vi fa sentire meglio. A patto che nascondere non significhi infilarsi in un sacco nero della spazzatura, testa compresa, nel qual caso forse dovete rivedere i vostri parametri di valutazione. Possibilmente in compagnia di personale specializzato.

Si può essere trasandati anche indossando capi firmati, e al contrario risultare impeccabili anche in una salopette multicolore comprata al mercatino del sabato. Basta poco: una spilla, una sciarpa, un cappello (uno di questi oggetti per volta, indossati tutti insieme fanno l'effetto manichino in vetrina) un abbinamento ripetuto. Se la moda è un terreno in cui non vi sentite sicuri, non cercate semplicemente di imitare lo stile di qualcun altro, costi quel che costi: la semplicità è piuttosto la scelta migliore.

Ricordate inoltre che non solo i colori, ma anche gli stili sartoriali, se mescolati tra loro, possono risultare sgradevoli. Allo stesso modo, se vi sentite certi delle vostre capacità, potete scegliere liberamente di azzardare le commistioni più ardite. In molti lo fanno e li chiamano stilisti.

L'eleganza poi è qualcosa che attiene piuttosto alla sfera personale, alla sicurezza e allo *charme* che viene da dentro, e non al valore di ciò che si indossa. Palese esempio sono le schiere di attori hollywoodiani capaci di risplendere di scempio in abiti disegnati dai maestri della moda di maggior prestigio.

Lui

☞ Il cappello è un accessorio caduto un po' in disuso, eccezion fatta per i berretti con la visiera all'americana. Se decidete di portarne uno, non trascurate l'importanza che ha il suo taglio rispetto alla forma del viso e al colore.

☞ La cravatta è un complemento fondamentale nella "divisa" maschile. Ognuno dovrebbe scegliersela da solo, stabilendo così il proprio stile. A ogni modo, almeno il modo di portarla deve essere il più classico possibile: niente nodi stravaganti, lunghezze altalenanti, larghezze ridicole. Evitare i disegni eccessivi, gli stemmi e i marchi in bella vista (che vanno dietro, e non davanti).

☞ Il gilè è un indumento dal sapore antico, da riservarsi alle occasioni più eleganti. Deve sempre essere della stoffa del vestito.

☞ Il fazzoletto da taschino non deve mai essere della stessa stoffa della cravatta, sempre meglio bianco e mai troppo esposto. Deve spuntare appena, quasi una bordura della tasca.

☞ I gemelli si indossano generalmente con le camicie da sera o ai matrimoni. Non devono essere eccessivi o luccicare.

☞ La cintura deve sempre essere intonata al colore delle scarpe. Se si preferiscono le bretelle, meglio sceglierle a tinta unita.

☞ Le calze devono essere lunghe, mai bianche fuori dai campi da tennis e comunque scure, in tinta con la cravatta ma soprattutto con i pantaloni. La fascia elastica deve assicurare una buona tenuta.

☞ Le scarpe devono essere nere per gli abbigliamenti eleganti, di vernice per il frac, altrimenti anche marroni o color cuoio.

☞ I boxer sono preferibili alle mutande. Se per necessità le indossate, sceglietele di un tipo non troppo sgambato.

☞ No al tanga, nonostante le mode, assolutamente ridicolo anche se indossato su un fondoschiena perfetto.

☞ L'orologio è un dettaglio di stile, sceglietene uno che vi rispecchi ma che non sia eccessivamente pacchiano.

☞ Con il frac l'orologio non deve mai essere da polso, ma da taschino.

☞ I gioielli concessi a un uomo sono la fede e l'orologio. Catenine e braccialetti a rischio.

Lei

☞ Il cappello non si indossa con l'abito da sera. Le donne non sono obbligate a levarselo al chiuso o in chiesa, ma solo in alcune specifiche occasioni.

☞ Con gli abiti da sera sono necessarie borse molto piccole, anche stravaganti, di solito del colore delle scarpe.

☞ Se si scelgono calze autoreggenti o reggicalze evitare le gonne corte. Non è sexy ciò che si mostra, ma ciò che si suggerisce.

☞ I tacchi alti sono un po' volgari durante il giorno, così come gli eccessi di centimetri di suole per compensare la poca altezza. Meglio portare con eleganza su tacchi medi una statura ridotta che illudersi di slanciarsi calzando dei trampoli.

Consigli spiccioli

Di seguito una serie di consigli spiccioli, su abbigliamento, accessori e look.

☞ Abbronzatura: mai eccedere. Non solo l'eccesso di esposizione fa male e invecchia la pelle, ma fa tanto anni Ottanta, rampantismo e tristezze varie ormai superate. Un po' di colore rende tutti più piacevoli, ma cerchiamo di rispettare le sfumature originali di ognuno.

☞ Trucco: al di là delle preferenze personali, delle occasioni speciali, delle necessità psicologiche, la vostra regola sia sottolineare, non colorare.

☞ Profumo: la scia odorosa lasciatela a Greta Garbo. Il profumo deve cogliere all'improvviso chi si avvicina molto al vostro viso, per un sussurro, un tango o un bacio.

☞ Gioielli: uno rende eleganti, tanti ridicole. Non tramutatevi in un'esposizione, ma godetevi in piacere di indossare le cose giuste al momento giusto.

☞ Occhiali da sole: il sole, se c'è, è all'aperto. Solo Jack Nicholson e Neo (protagonista del film *Matrix*, per i non adepti) possono permettersi di portarli ovunque.

☞ Iniziali sulle camicie: e basta. Un tempo potevano forse essere un vezzo di chi si faceva fare la camicia su misura. Ora, spesso aggiunte sul preconfezionato, sanno davvero di ridicolo e ostentato.

☞ Cappello: ricordarsi di toglierselo. Gli uomini in qualunque luogo chiuso, appena entrati, le donne sicuramente al cinema e a teatro. Tutti, assolutamente in automobile, anche se sfortunatamente il gesto non garantisce automobilisti brillanti.

Forma

Effettivamente la forma non attiene strettamente alle regole del galateo, tranne che per alcuni punti.

✔ La barba: essa, benedetta sia, effettivamente smagrisce un po', ma non tutto il corpo. Non riponetevi pertanto illimitata fiducia, e occhio all'effetto gigante Grissino (quello con la testa piccola e il corpo enorme). Attenzione ai baffi, vezzo piuttosto datato che richiede scelta di forma azzeccata e massima cura, pena apparire trasandati.

✔ La dieta: fissati o giustificati, praticanti occasionali o *aficionados* del "lunedì comincio", fatti vostri. Nel senso che non dovete affliggere gli altri con la vostra scelta, né facendo rapporto dettagliato sulle indicazioni del nutrizionista consultato, né soprattutto costringendo gli altri a farla con voi.

✔ Lo sport: praticare il dodecathlon o fare moto solo con una Gilera va benissimo, fate voi. Ma non affliggete il prossimo con spiegazioni tecniche, richieste di partecipazione o addirittura penosissime esibizioni, pratiche o di trofei. Esiste poi una sgradevolissima categoria di persone che frequentano palestre e campi da golf solo per incontrare le persone "giuste" o rientrare in un gruppo a loro dire elitario. Ricordate che simili patetici tentativi di arrampicata sociale sono facilmente individuabili dalla grossolanità della tattica.

Per concludere, un appunto sulla grazia: come scrive bene Amélie Nothomb nel suo libro *Dizionario dei nomi propri*, «la grazia viene donata o rifiutata alla nascita senza che nessuno sforzo ulteriore possa sopperire alla sua mancanza». Dunque fatevene una ragione. O gioitene.

Le presentazioni E I SALUTI

La presentazione, di noi stessi piuttosto che di due persone che non si conoscono e che mettiamo noi in contatto tra loro per la prima volta, è un momento affascinante della vita di ognuno. Due interi universi – la vita di due individui – convergono per integrarsi, almeno in potenza. Facendola meno palloccolosa e filosofica, è necessario prestare un po' più di attenzione a un'operazione generalmente rapida e sottovalutata come quella di presentare o di presentarsi. Era così facile, quando si era bambini: "Ciao, mi chiamo Tizio, giochiamo insieme?".

Da adulti tutto si complica, e non basta irrompere nella vita altrui con un sorriso stampato in faccia per farsi accogliere bene. Innanzitutto è necessario ricordare che si chiama "presentazione" e non "esibizione". Si dovrebbe cercare di conoscere qualcuno per il piacere di stare con lui, non per vomitargli addosso tutto ciò che siamo, i nostri bisogni e/o i nostri successi. Dunque presentarsi con nome e cognome, possibilmente senza esibire titoli ex-nobiliari, di studio o simpaticissimi soprannomi che simpaticissimi amichetti ci hanno simpaticamente affibbiato essendo noi i più simpatici della compagnia. Non cercate di tirare fuori il meglio di voi per fare colpo, anche perché di solito ciò che pensiamo sia il meglio è decisamente il peggio. Una esemplare introduzione lampo di sé è cantata da Elio e le Storie tese in un loro celeberrimo brano, *Il vitello dai piedi di balsa*, e in effetti la rapidità e la semplicità sono alfine le migliori maniere. Anche quando si introduce qualcun altro: inutili i giri di parole untuosetti e barocchi "permettimi di presentarti il più affascinante direttore della eccetera eccetera" oppure "ho il piacere di presentarti un vero genio del computer eccetera" o ancora "conosci il miglior cuoco del mondo?". Il modo più elegante resta il più semplice: dire nome e cognome – il solo nome è sufficiente in situazioni particolarmente familiari o in presentazioni molteplici e non professionali – e lasciare alle persone appena presentate il piacere di scoprirsi a vicenda.

Capita purtroppo di non ricordare esattamente il nome della persona che si sta presentando a qualcuno. Come sempre la semplicità e la sincerità sono lo strumento migliore. Meglio chiedere alla persona il suo nome prima di presentarla ad altri, in modo riservato e confessando candidamente la dimenticanza, oppure se l'amnesia vi coglie a presentazione iniziata (le strade della distrazione sono infinite) fare in modo con gesti e tono di voce che sia la persona a completare naturalmente la vostra frase con il proprio nome. Insomma, cercate in tutti i modi di evitare imbarazzanti confessioni di fronte a terzi, a metà frase, così come va assolutamente evitata la storpiatura del nome, ancora più umiliante della dimenticanza. In generale cercate di fare mente locale sulla vostra conoscenza del nome di chi dovete introdurre PRIMA di cominciare a farlo. Può essere gradevole guidare le persone appena presentate, se siete assolutamente certi che la cosa possa far piacere, verso un terreno comune di conversazione, per esempio se tutte e due (o tre o quante siano) le persone sono appassionate di pittura, di calcio o di cinema. Se la persona che andate a presentare è particolarmente timida, è gentile rimanerle accanto dopo la presentazione per aiutare la conversazione a decollare, cercando di indirizzarla verso ambiti che le sono familiari.

Ricordate che certe formalità che tra i più giovani possono sembrare – probabilmente sono – superflue, con persone di una certa età, se non rispettate, possono creare imbarazzo. Cercate di essere gentili e capire le piccole esigenze di ognuno. In particolare sull'uso del "tu" immediatamente dopo la presentazione: un po' di intuito non fa mai male. Se in alcune occasioni appare scontata la confidenza che la seconda persona singolare consente, e in altre è quasi una cortesia (per esempio tra colleghi d'albo professionale), in altre risulta davvero imbarazzante. Non siate trancianti e lasciate che le cose, in alcuni casi, maturino con il tempo.

In pratica

☞ Si presenta un uomo a una donna, con la sola eccezione di personalità e di ecclesiastici, e la persona più giovane a quella più anziana.

☞ I giovani vengono presentati dai genitori (fino alla maggiore età – non in senso latino).

☞ Ci si levano i guanti prima di stringere la mano.

☞ Se un uomo indossa il cappello, dovrebbe almeno sollevarlo.

☞ Si stringe con decisione, senza stritolare ma nemmeno appoggiare passivamente l'estremità.

☞ Se vi viene presentato qualcuno mentre siete seduti, se siete donne potete rimanere comode, mentre i signori devono comunque alzarsi (poche storie, la parità è ancora da raggiungere!).

☞ Evitate gli inchini. Il baciamano, romantica e ottocentesca abitudine *démodé*, può essere una gradevole originalità sempre che vi venga spontanea. Deve essere veloce e sfiorato, accompagnando la mano della donzella al viso piegandosi leggermente in avanti.

Le presentazioni sono sempre necessarie. Ricordarsene anche se ci si ferma per pochi attimi a scambiare due parole con una persona incontrata per caso, mentre si è in compagnia di un terzo individuo. Anche l'accomiatamento, infine, merita una riflessione. Salutare tutti i presenti è indispensabile, se il numero di persone e il tipo di riunione sono ristretti.

Solitamente le signore patiscono la stucchevole abitudine di baciare il vento attorno alle gote delle amiche, zuccherosa cerimonia a esclusivo beneficio delle case di cosmetica, viste le rughe che si formano attorno alla bocca mentre scivola sull'orecchio opposto a quello vicino alla testa di chi si saluta. È vero che lasciare una macchia di rossetto su ogni guancia non è bello. Ma nemmeno l'affettazione con cui ormai il gesto viene compiuto è gradevole. Baciate le amiche più care, eventualmente la padrona di casa. Per il resto, basta un saluto con la mano.

Le regole della CONVERSAZIONE

Le orecchie non hanno palpebre. Partiamo da questo assunto fondamentale per individuare alcune indicazioni utili a non affliggere la vita altrui con la nostra conversazione.

Innanzitutto il tono di voce. Senza pretendere una sommessa discrezione britannica (anche se sarebbe gloriosamente auspicabile), è segno di particolare buon gusto parlare a un volume tendenzialmente basso. I decibel si alzano in misura direttamente proporzionale all'entusiasmo del racconto, è vero e naturale, ma esiste un limite di tolleranza entro cui sarebbe consigliabile rimanere. Le persone che urlano mentre parlano, così come quelle che gesticolano eccessivamente, sono decisamente fastidiose per il prossimo – sia quello che ascolta sia quello che non vorrebbe ma si trova nei paraggi – e lo sono tanto più in quanto non ci fanno caso. Allo stesso tempo, anche bisbigliare di fronte a terzi conosciuti non è di buon gusto, perché tende a escludere sgradevolmente le altre persone presenti alla conversazione. Cercare di coinvolgere tutti i presenti in modo che nessuno si senta solo è un gesto umano prima ancora che una cortesia prescritta dalla buona educazione. Durante un dialogo, in circostanze normali – una festa, un ritrovo tra amici – è bene che non esistano distinzioni tra le persone che parlano. Esemplare in questo senso era la tavola rotonda di Re Artù, dove tutti avevano la stessa posizione e quindi la stessa importanza nel prendere le decisioni. Soprattutto quando di decisioni non se ne devono prendere, ma si stanno semplicemente facendo quattro chiacchiere, è bene che non vi sia chi sta in piedi, in posizione dominante, e chi seduto, né qualcuno dietro a un tavolo e gli altri di fronte; persino a scuola gli insegnanti ormai guidano spesso la classe senza sentire il bisogno di stare dietro la cattedra.

Quando parlate

In occasione di una riunione con diverse persone, è gentile fare attenzione alla durata del nostro intervento: si chiama conversazione quell'azione per cui si parla un po' per ciascuno, tutti insieme (non contemporaneamente, possibilmente). Se aspirate a tenere monologhi provate con il teatro (o la politica).

Se state parlando con una persona sola, ricordatevi di rispettare le distanze di sicurezza: anche se vi siete premurosamente lavati i denti, avvicinarsi fisicamente troppo all'interlocutore è fastidioso, a meno di particolare e consolidata confidenza. Esiste una linea invisibile di separazione tra i corpi, indicativamente un metro o poco meno, che non deve essere sorpassata. Se vedete che il vostro interlocutore, mentre vi ascolta, indietreggia leggermente siate certi che l'avete superata. Dunque non inseguitelo.

Cercate di evitare di ripetervi. Non ci riferiamo tanto alle ripetizioni involontarie, dovute alla memoria un po' zoppicante o a una distrazione sempre più diffusa. Evitate di ripetere compiaciuti le battute che vi sembra vi siano venute particolarmente bene – tristissimo da parte di chi vi ascolta assistere a simili sfoggi –, gli argomenti che vi stanno particolarmente a cuore, incuranti dell'interesse altrui, gli episodi che più vi hanno colpito. La persona che si è aggiunta all'uditorio all'ultimo minuto dovrà rinunciare a sentire il vostro interessantissimo intervento, a beneficio di tutti quelli che già hanno prestato orecchio. Allo stesso modo sarebbe utile, ma può risultare particolarmente difficile – soprattutto ad alcuni talentuosi – evitare le *gaffe*. La difficoltà, come spesso accade, sta nella mediazione tra un comportamento gradevolmente autentico e immediato e la capacità di filtrare le prime impressioni che riceviamo dall'esterno non dando nulla per scontato.

La discrezione può essere un utile strumento per evitare il peggio, anche se – il principe Filippo d'Inghilterra insegna – nessuno è esente da clamorose cadute. Cercate almeno di saper recuperare, evitando penosi rattoppi così come resistendo allo straordinario impulso di afferrare immediatamente il badile per sotterrarvi.

Chiedere scusa significa sottolineare la figuraccia, dunque se proprio non avete insultato l'altro non fatelo. Ridere è talmente vietato da non essere nemmeno preso in considerazione. Piuttosto, virate rapidamente su un altro argomento, abbassando gradualmente il volume della voce fino a scomparire nel brusio generale. Se avete appena consumato la *gaffe* con il direttore, aggiungete una preghiera silenziosa al nume del lavoro.

Quando ascoltate

A chiunque fa piacere essere ascoltati. Rivolgete dunque la vostra completa attenzione alla persona che vi sta parlando, cercando innanzitutto di capire il senso di quello che vi sta dicendo – sembra banale ma sfortunatamente non sempre lo è. Non interrompete chi parla, né finite le frasi di chi è un po' lungo nell'esposizione. La prolissità è decisamente fastidiosa, ma può essere indice di insicurezza o di poca limpidezza di pensiero. Non se ne può fare una colpa a nessuno, pertanto abbiate la pazienza di aspettare. È consentito interrompere solo nel caso in cui la persona che vi parla stia cominciando a raccontare un episodio o un concetto che vi aveva già esposto in precedenza. Con atteggiamento di chi è concentrato ad ascoltare, annuite aggiungendo un generico "certo, come mi dicevi l'altra volta". In questo modo darete a intendere di aver colto nella ripetizione l'intenzione di sottolineare il concetto e non l'arteriosclerosi di chi parla. Eviterete di dover scegliere tra lo sgradevole imbarazzo del vostro interlocutore e una noiosa ripetizione dettagliata a voi stessi.

Quasi banale ricordarlo, in qualunque caso non bisogna mai e poi mai sbadigliare in faccia al prossimo che parla, a nessuna ora del giorno e della notte. Attenzione alle domande: sono un'arma a doppio taglio. Se dimostrano interesse e possono aiutare ad aumentare il grado di confidenza, approfondendo la conoscenza interpersonale, è anche vero che possono essere sgradevolmente indiscrete. Usate sempre molto tatto, procedete per piccoli passi e cercate di capire il limite. In generale se domandate per sincero interesse verso l'altro – e non per gratuita curiosità o peggio per cercare difetti e frustrazioni – il limite da non superare vi apparirà naturale. Evitate comunque di immischiarvi nelle conversazioni altrui, se non vi vengono fatti palesi inviti a intervenire. Un'ultima fondamentale attenzione, spesso e volentieri sgradevolmente disattesa: guardate chi vi parla. Sono decisamente detestabili e cafoni quelli che si guardano in giro come a cercare qualcun altro mentre si sta conversando con loro.

Argomenti

In passato il galateo prescriveva regole severissime riguardo gli argomenti di conversazione, circoscrivendo gli ambiti a una manciata di possibilità – l'inossidabile meteorologia, il giardinaggio, la letteratura – sempre naturalmente affrontate con parsimonia di passione e partigianeria. Oggi per fortuna i divieti si sono allentati, consentendo così conoscenze un po' più amichevoli e personali tra le persone. A ogni modo è bene ricordarsi di alcune regole imprescindibili.

✔ Niente barzellette. Soprattutto se non vi ricordate bene la fine.

✔ Niente lavoro. Cercate di staccare, almeno quando uscite. Se poi siete in compagnia di colleghi con consorti, evitate a questi ultimi la noia suicida di ascoltare muti i vostri dettagliati racconti su persone di cui hanno solo vagamente un'idea.

✔ Niente malignità. Voi, proprio voi, con quell'aria innocente. Nemmeno mascherandoli con sotterfugi elementari, tipo descrivendo come simpaticamente originale un comportamento che disprezzate. Giudicare è facile, più difficile è vivere.

✔ Evitate di argomentare a tutti i costi sulla vostra ultima fissazione. Scarpe, Tai chi, i libri di Angeles Mastretta, cucina macrobiotica, spinning, qualunque sia la vostra nuova passione, se ci si capita per caso bene, ma non fate di tutto per condurre il discorso là dove potrete annoiare a morte per ore l'uditorio con i vostri tecnicismi.

✔ L'analista è quello con l'aria molto comprensiva che incontrate una/due (tre?!!! Ma come siete messi?) volte la settimana, in quello studiolo lindo. Gli altri sono solo amici disposti solo a fare un po' di conversazione, a cui non interessa la vostra infanzia anaffettiva.

Corollario: i sogni si raccontano al professionista di cui sopra. Tutti gli altri si annoiano tremendamente all'ascolto delle vostre incomprensibili visioni notturne.

✔ Ricordate che ognuno ha le sue ragioni. Evitate la facile scorciatoia di metterle in ridicolo, ma sappiatele comprendere. C'è sempre da imparare.

In realtà non sono esattamente gli argomenti, quanto le modalità di discussione che vanno moderate. Prendere posizioni intransigenti e/o supponenti, cercare di convincere il proprio interlocutore o ascoltarlo solo per trovare falle nel suo ragionamento e riprove del valore delle proprie tesi, invece che limitarsi a esporre civilmente la propria opinione e ascoltare cercando sinceramente di capire, sono i modi migliori per uccidere la conversazione civile. Un esempio abbastanza urticante e deprimente è rappresentato dai cosiddetti confronti televisivi tra politici. Prendete esempio su come NON comportarsi.

Infine l'umorismo: la variabile di ciò che fa sorridere è talmente elevata da richiedere quantomeno attenzione. Scherzi e battute possono ferire anche se dette con la più innocente delle intenzioni. Sondate bene il terreno. Come ottimamente prescrive Barbara Ronchi della Rocca, «È meglio aver tatto che spirito». Dunque evitate le battute a tutti i costi, soprattutto se rischiate di essere sgarbati. E comunque evitate sempre le battute grevi.

Linguaggio

Cercate di parlare bene. Più che un consiglio, è quasi una preghiera. Non per fare i nostalgici del congiuntivo, ma pensate a quanti secoli di storia illuminata, di fatica e di alta letteratura ci sono voluti nel tentativo di trovare il modo migliore di esprimere le infinite sfumature dello spirito venendo a creare la nostra bella lingua italiana. Sfruttiamole! Esistono sempre dei sinonimi a "cosa" e "fare". Leggere libri può essere di aiuto per ampliare senza quasi accorgersene il proprio vocabolario (oltre che per un sacco di altre belle cose). Saper parlare bene, con un linguaggio appropriato, ampio e preciso, è piacevole per chi vi ascolta oltreché per voi che riuscite a farvi capire meglio.

Ricordatevi che certe espressioni, soprattutto quelle modaiole, hanno una scadenza quasi alimentare. Usate con parsimonia le frasi fatte e i proverbi. Il dialetto è un tesoro culturale da conservare, ma a patto di saper parlare correttamente anche la lingua nazionale, senza eccessive inflessioni. Tanto più se parlate per lavoro a un uditorio che non è strettamente locale.

Dalla lettera

AL SOCIAL NETWORK

Se ci si pensa bene, la comunicazione per la condivisione dell'esistenza è per certi versi l'essenza della vita. Da quando l'uomo esiste ha sviluppato innumerevoli strumenti per entrare in connessione con il prossimo. La visita è il più antico, immediato e facile. La parola scritta segue a ruota, nelle sue forme più diverse, fino al telefono, che magicamente (ammettetelo, nemmeno voi avete capito bene come funziona) trasferisce la nostra voce alla più distante delle orecchie. Internet è la ciliegina sulla torta a più strati della connessione umana, con chat, e-mail, videoconferenze e social network. Ognuna di queste forme di espressione ha un suo codice che andrebbe rispettato. Fatte salve le eccezioni dovute alla confidenza, alla vicinanza, alla familiarità, di seguito vi offriamo un prontuario in grado di aiutarvi nella pratica del contatto garbato.

Cartoline, lettere, biglietti

In verità le cartoline non vengono spedite praticamente più. Solo i più piccoli si divertono ancora a inviarne, ai nonni o ai compagni di scuola. Del resto, il messaggio implicito nella cartolina era "un pensiero veloce anche in vacanza", ora facilmente sostituibile con un più pratico SMS.

Anche le lettere hanno perso terreno di fronte alle più pratiche e veloci e-mail. Eppure rimangono uno strumento meravigliosamente garbato e piacevole per comunicare. Scritte rigorosamente a mano, regalano una vicinanza e un'attenzione speciali. Oltretutto i biglietti di ringraziamento – di qualunque genere essi siano – e le lettere di condoglianze vanno sempre e comunque vergati a mano. Sulla busta, in caso di invio a una coppia, fate precedere il nome del marito, poi il nome della moglie, quindi il cognome di entrambi. Se non sono sposati, mettete comunque prima il nome e cognome dell'uomo. Nelle lettere amichevoli il titolo professionale non va scritto, mentre precede obbligatoriamente il nome in caso di missiva di lavoro. Se siete in dubbio tra signora e signorina, preferite il primo appellativo. Se ricevete una lettera, rispondete se necessario, ma comunque fate in modo di rendere noto a chi ve l'ha inviata che l'avete ricevuta. Infine, così come non si legge la posta altrui, le lettere personali non si fanno mai leggere a nessun altro.

Come scrivere una lettera

☞ Usare carta chiara e inchiostro scuro (chi legge deve già interpretare la nostra calligrafia, aiutiamolo nel difficile compito con un'impostazione comoda).

☞ In alto a destra (o in fondo a sinistra), scrivere sempre luogo e data.

☞ Si inizia sempre nominando il destinatario, che sarà caro, gentile (per le signore) / egregio (per i signori), o spettabile (per ditte o società) a seconda del grado di confidenza e del tipo di messaggio.

☞ Si prosegue il testo della lettera a capo, minuscolo. Il testo dev'essere stilato in modo uniforme, al centro del foglio, ben disposto in altezza e larghezza.

☞ Le cancellature stanno obiettivamente male.

☞ Si conclude con una formula di saluto, in cui è meglio risparmiarsi aggettivi che ne definiscono la qualità – sinceri, sentiti, migliori.

☞ La firma deve sempre essere vergata a mano, anche se la lettera è stampata. Il nome va sempre prima del cognome. Nelle lettere confidenziali non va messo l'eventuale titolo.

☞ Se la lettera è privata va piegata con l'intestazione all'interno, se d'affari all'esterno.

☞ Se consegnata a mano, la busta non va incollata.

☞ Se il destinatario ha un recapito diverso dal suo cognome, specificare nell'indirizzo aggiungendo c/o (formula universale che sta per care of).

☞ Non si aprono le lettere in presenza di altri.

E-mail

Ormai siamo tutti perfettamente assuefatti alle nuove tecnologie: in particolare alle comode e-mail che in molti hanno la possibilità di ricevere anche sul telefono, in modo da potersi muovere e rimanere connessi in qualunque momento.

La rapidità del mezzo però non tragga in inganno: esistono delle piccole regole di bon ton anche nello scrivere una missiva al computer. Nonostante la new economy abbia imposto una certa informalità nei rapporti umani (o forse è la lunga ombra yankee che corre sul bit?), le e-mail rimangono principalmente uno strumento di lavoro – ormai per i contatti privati sono più frequentemente utilizzati i messaggi sui social network o gli instant message – e come tali richiedono un po' di buona educazione.

Se proprio non si tratta di messaggi di risposta immediati, di poche parole, sarebbe bene cominciare sempre con un saluto seguito dal nome della persona a cui state scrivendo, così come non andrebbero mai dimenticati i saluti finali. Sia concesso l'uso delle sole iniziali per siglare un messaggio particolarmente veloce, ma solo in casi di prolungato scambio e inequivocabile identificazione. Inutile la data; anche se non vanno intestate in alto a destra come le normali epistole cartacee, le mail andrebbero comunque sempre accompagnate da una firma automatica (non più lunga di quattro righe, però) in cui sono segnati gli estremi telefonici per essere eventualmente raggiunti a voce in caso di necessità.

Oltre alle modalità di scrittura, esiste un bon ton della spedizione che è ancora più importante: prima di inviare messaggi con allegati pesanti accertatevi della capacità di ricezione del sistema all'altro capo della banda. Non fate spamming e, soprattutto in caso di mail di lavoro, non mandate necessariamente tutto a tutti, ma selezionate con logica i destinatari. La rapidità e l'economicità del mezzo non giustificano un bombardamento di mail inutili.

SMS

Dei messaggi scritti ormai ribollono tutti i telefoni cellulari. I nuovi modelli supportano quantità di caratteri sempre più numerose per la gioia di quanti sono assuefatti (con inquietanti fenomeni di dipendenza fisica) a questa pratica forma di comunicazione, capace di arrivare ovunque rapidamente, e veicolare informazioni utili così come scottanti rivelazioni. La sua modalità discreta e ubiqua lo rende lo strumento perfetto, ma attenzione: ricordatevi che anche se silenziosi possono infastidire chi li riceve. Da cosa dipende? Da voi: se piacete o meno alla persona che legge il vostro short message. Nel primo caso ve ne potete permettere anche uno al minuto, nel secondo tutt'al più uno ogni tre giorni. La velocità di risposta è senza dubbio un buon indice di gradimento.

Chi riceve, a ogni modo, dovrebbe generalmente comunicare la riuscita ricezione. Si tratta comunque di un supporto familiare e non convenzionale. Evitate quindi di inviare messaggi importanti di tipo professionale o amoroso. Insomma, il fidanzato si lascia guardandolo negli occhi e la riunione urgente che obbliga tutti i collaboratori a tornare in anticipo dalle ferie si rimanda a voce, con una telefonata. Che se poi non arriva il messaggio...

Sta infine fortunatamente scemando la cattiva abitudine di inviare sms cumulativi per le feste comandate: un modo dozzinale di cavarsela, che non fa sentire nessuno davvero vicino e sa di auguri a saldo.

Social network

Facebook è il più diffuso. Ma ci sono anche Twitter, Linkedin, Google+, Flickr, Friendster, Myspace e chi più ne ha più ne metta. I social network sono piazze virtuali dove incontrarsi, e ognuna ha una sua caratteristica e regole precise. La maggior parte della comunicazione virtuale ormai passa da qui: bacheche su cui comunicare pubblicamente, messaggi privati, di gruppo, commenti alle foto o alle dichiarazioni altrui e avanti così. Sono strumenti comodi, immediati e discreti (sta a voi calibrare il grado di privacy di ciò che volete condividere) per tenersi in contatto con amici e conoscenti. Bisogna però rispettarne le abitudini: innanzitutto quelle di netiquette (vedi pp. 231 e sgg.) comuni a tutta la comunicazione via web. E poi quelle specifiche di ogni singolo network. Se Facebook è un luogo di incontro familiare, amichevole e – grazie anche ai numeri straordinari raggiunti – molto allargato, Twitter è un network principalmente informativo, dove trovare molti giornalisti e/o comunque persone che hanno voglia di comunicare principalmente informazioni utili e confrontarsi sui fatti del giorno. Flickr è uno specifico club di fotografia: si condividono le proprie foto e si commentano anche tra sconosciuti.

Le interazioni possono variare da un social network all'altro. Su Twitter, per esempio, l'apprezzamento avviene principalmente retwittando – cioè "ripostando" la frase apprezzata – e non commentando, mentre su Flickr un modo di esprimere apprezzamento è anche invitare il fotografo o la foto in un gruppo. Su Youtube, storico sito di condivisione video, le iscrizioni al canale sono il modo consigliato per dimostrare apprezzamento a un "regista", ma anche semplicemente condividere il video su altri strumenti network.

La cosa migliore è entrare e monitorare la situazione, osservando i comportamenti altrui, prima di cominciare a interagire.

Perché la rete, in quanto luogo libero, non impone regole di comportamento precise ma una ferrea autodisciplina fatta di rispetto dell'altro e non invasione degli spazi.

Telefono

Strumento d'amore e odio, che si divide in due sottocategorie: il telefono fisso e quello mobile. Comune a entrambi la parsimonia con cui si dovrebbe utilizzarlo.

✔ Fisso. Il ruolo del telefono di casa, nei confronti del cellulare, si è ribaltato rispetto agli inizi. Grazie alla possibilità di spegnerlo, infatti, il cellulare è paradossalmente meno indiscreto del telefono fisso, che è diventato un traguardo delicatissimo. Dunque massima attenzione nel telefonare a casa alle persone. Mai prima delle 9.30 della mattina (se è domenica aggiungere un'ulteriore ora è una carineria sicuramente apprezzabile), mai la sera dopo le 10, nonostante le tariffe ridotte. Attenzione anche al fuso orario se state per chiamare qualcuno all'estero.

Altro momento decisamente sgradito è l'ora in cui generalmente ci si mette a tavola. Anche se le abitudini sono state stravolte dai nuovi ritmi cittadini, è intuibile l'ora indicativa attorno alla quale la maggior parte delle persone si riunisce per mangiare, ed è davvero irritante l'amico che chiama puntuale tutte le sere non appena vi siete seduti davanti al piatto.

Infine, se in famiglia c'è un bimbo piccolo o una persona anziana, cercate di evitare le prime ore del pomeriggio. Non fate squillare troppo a lungo il telefono, piuttosto richiamate più tardi. Attenzione nello specifico alle telefonate di felicitazioni dopo un parto o comunque dopo un ritorno dall'ospedale, momenti particolarmente delicati in cui aggiungere la propria telefonata alle numerose altre può infastidire più che rallegrare. Meglio un biglietto.

Quando si chiama, è d'obbligo presentarsi immediatamente dopo il saluto, prima di chiedere della persona desiderata. Quando si dice il proprio nome è vietato premettere un eventuale titolo, tranne che per le telefonate di lavoro in cui esplicitare la professione aiuta a indicare immediatamente il tono della conversazione.

Se si sbaglia numero, evitare di farfugliare qualcosa prima di riagganciare, ma scusarsi ed eventualmente chiedere con garbo di verificare il numero di telefono composto, per evitare di disturbare nuovamente ripetendo lo stesso errore poco dopo. Ovvia reciprocità, se qualcuno sbaglia non si deve rispondere in modo scortese.

Se risponde una persona con accento straniero, scandire il proprio nome con maggiore cura; se si trova una segreteria telefonica, lasciare sempre – sempre – un messaggio, anche se si intende richiamare. È davvero fastidioso obbligare gli altri a lambiccarsi nel tentativo di immaginare di chi fosse il click dopo il bip.

Postilla: se siete voi a possedere tale dinosauro della telefonia che è la segreteria telefonica sul fisso (resa sempre più inutile dai cellulari), evitate messaggi di benvenuto tristemente originali, con musiche introduttive e citazioni celebri che rendono l'attesa di chi deve lasciare un rapido avviso davvero estenuante. Soprattutto in teleselezione dalle Antille.

✔ Mobile. Il cellulare ha stravolto le nostre abitudini. Nonostante sia ormai superata la febbre degli anni Novanta che aveva visto gli italiani protagonisti di una folle corsa allo status symbol sempre più piccolo e più esibito, il telefono mobile rimane uno degli oggetti più presenti nella vita di tutti. Una comodità indubbia, che però va usata con una certa attenzione. Nonostante, a differenza del fisso, il cellulare si possa (si debba) spegnere quando non si vuole essere disturbati, chi telefona deve sempre e comunque fare attenzione agli orari e chiedere all'interlocutore se sta disturbando.

Alcune persone infatti per necessità lavorative sono nella condizione di dover tenere il cellulare sempre acceso – a costoro comunque si raccomanda l'uso del vibracall – e il fatto che rispondano non significa che siano nella migliore condizione per farlo.

Ricordarsi poi che la comodità del telefono sempre con sé non deve sconfinare nella mancanza di rispetto per gli altri. Dunque cellulare rigorosamente spento a teatro e al cinema (se per necessità lo tenete acceso con il vibracall, uscite dalla sala per rispondere), al ristorante o a cena da amici, e comunque sempre quando si è a tavola; durante i viaggi in treno o in autobus ricordarsi che la persona che deve sentire le nostre risposte è quella all'altro capo del telefono, e non del vagone.

Telegramma

Anche se caduti un po' in disuso grazie alle nuove risorse della tecnologia, i telegrammi sono comunque uno strumento utile, e soprattutto che ha precise modalità di impiego. I telegrammi vengono inviati solo in occasioni determinate: matrimonio, morte, nascita di un figlio, tempestività professionali.

Ricordate sempre che nell'immaginario collettivo, l'idea di telegramma è associata a quella di urgenza. Dunque non mandarne assolutamente in altre situazioni, per evitare di allarmare inutilmente chi li riceve.

Ricordatevi di firmare sempre in modo riconoscibile, possibilmente con nome e cognome.

Se, come sempre più spesso accade, inviate un telegramma non dalle poste ma grazie al servizio telefonico, ricordate che sul foglio appare stampato il nominativo a cui appartiene il telefono – dunque non mandate il messaggio da case in cui non dovreste trovarvi...

Visite

Ricevere amici e persone care è un vero piacere. A patto che arrivino al momento opportuno. Per questo è assolutamente, sempre, obbligatoriamente, inevitabilmente necessario avvisare prima di passare a trovare qualcuno. Anche la vicina di casa, anche la figlia (mille volte di più la nuora).

La diffusione del telefono oggi consente di praticare agilmente questa cortesia. Forse solo il vostro grande amore può accogliervi sempre e comunque con gioia, anche senza preavviso. Tutti gli altri hanno il diritto almeno a quel quarto d'ora accademico in cui risistemare forsennatamente casa e capigliatura in modo da renderle presentabili. E naturalmente non è sufficiente citofonare accampando un vago "passavo di qui" (ma è obbligatorio suonare il campanello quando si arriva, anche se si trovasse il portone già aperto).

Quando si va a far visita a qualcuno è carino portare qualcosa: un mazzo di fiori, una pianta, un vassoio di paste o una torta fatta in casa, un piccolo dono per i bimbi o un tè particolare. Allo stesso tempo, però, presentarsi a casa della stessa persona regolarmente con qualcosa in mano alla lunga può creare una barriera, negando quella confidenza stretta che vorrebbe esenti dal cerimoniale. Sono esclusi i presentini confezionati in casa, come i dolci o addirittura piccoli frutti del proprio giardino.

Se si va a trovare un ammalato, ricordatevi di non offrire fiori dal profumo intenso, che potrebbero disturbare chi è costretto a letto. Fare due chiacchiere con chi ha problemi di salute può essere faticoso, e gli argomenti tendono a riguardare lo stato del degente/sofferente.

Ascoltate con pazienza e, appena potete, cercate di cambiare delicatamente rotta al discorso, in modo da distrarre il malato. Con cui comunque non si discute: qualunque sia il torto che subite, cercate di non agitarlo con discussioni e rivendicazioni. Tutt'al più ne riparlerete con calma, proprio se necessario, quando starà bene. E comunque ricordate che niente può rendere più irritabili e a volte sgradevoli di una malattia, quindi siate comprensivi.

Se si tratta di una lunga degenza, niente di meglio che presentarsi con un libro o riviste che riguardano gli interessi dell'allettato. Attenzione a regalare cibo: bene la frutta, più a rischio i dolci.

Quando evitare una visita

☞ I primi giorni dopo il parto. Se non chiesto espressamente, i primi tempi è bene lasciare la famiglia tranquilla, per dare il tempo a tutti i componenti di trovare il nuovo necessario equilibrio e per godersi quegli specialissimi momenti che regala l'arrivo di un bebè. Dopo un paio di settimane sarà più gradito a tutti ricevere amici e parenti e mostrare orgogliosi il frugolino.

☞ I primissimi giorni in ospedale dopo un'operazione seria. Evitare affaticamento al conoscente è una gentilezza apprezzabile, senza contare chi può imbarazzarsi di certi impedimenti fisici.

☞ Il primo giorno di ritorno da una lunga vacanza. La confusione che ne consegue inevitabilmente, la stanchezza per il viaggio e/o il fuso orario, la scarsità di bibite e snack da offrire agli ospiti consigliano di aspettare il giorno dopo per complimentarsi dell'abbronzatura tropicale (salvo essere in grande confidenza e presentarsi proprio per prestare soccorso).

☞ La domenica mattina. Il consiglio si commenta da sé.

Visite speciali

☞ Se ammessi in udienza dal Papa, gli uomini dovrebbero indossare un abito scuro, le donne abbigliate con colori discreti e il capo coperto con un velo scuro.

☞ Ci si rivolge al Pontefice solo in risposta alle sue domande e chiamandolo Santo Padre.

☞ Se vi trovate alla presenza del Capo dello Stato, ci si alza in piedi e si attende che sia lui a tendere la mano.

☞ Anche in presenza di un regnante, infine, si attende di ricevere la parola e la mano.

Questione di
ATTEGGIAMENTO

Le formalità possono essere di due tipi: quelle inevitabili, una sorta di burocrazia sociale, convenzioni che, seppur sofferte in alcuni casi, consentono un corretto svolgimento del vivere comune, e quelle inutili.

La formalità inevitabile aiuta a trovare dei punti fermi nei momenti in cui la confusione sembra regnare sovrana, quando si rischia di fare qualcosa di cui poi ci si potrebbe pentire, o peggio di non fare l'indispensabile. Aiuta a osservare le cose da un punto di vista diverso dal proprio e, una volta còltane l'essenza, permette di vivere meglio nel rispetto degli altri. È un suggerimento utile a risolvere questioni delicate, apparentemente complicate, senza far perdere troppo tempo alla ricerca della soluzione migliore. In un certo senso si può dire che la formalità sia uno stile di vita ergonomico.

Ma se la formalità è uno *standard jazz* che, una volta comprese le regole di base, consente a tutti i musicisti di suonare al meglio seguendo il proprio estro, l'atteggiamento formale è il suo esatto contrario. È un virtuosista classico che si ostina a eseguire un brano seguendo la partitura mentre il resto dell'*ensemble* improvvisa. È una rigidità mentale che spesso e volentieri nasconde la paura di mostrare la propria stupidità.

Un limite, la stupidità, comune a tutti, ma che finisce per caratterizzare solo chi non la sa accettare con serenità e umana comprensione.

La necessità di difendersi dalla cafonaggine dilagante e dall'arrogante qualunquismo trasversale non giustifica lo snobismo e l'eccesso di formalità dei modi personali. Semmai ne sono il perfetto completamento. Non è nascondendosi dietro al gelo della supponenza né nell'ostentazione di una maschera falsamente cordiale ma giudicante che si migliora la propria e l'altrui vita o ci si tiene distanti dalla volgarità. Se dunque vi trovate ad avere a che fare con persone che non condividono con voi la medesima educazione non mettetele a disagio – né fingete di dimenticare le regole della buona educazione per compiacere i vostri interlocutori.

Anche lo snobismo è un'abitudine da dimenticare. Del resto, i fasti del bel mondo sono ormai tramontati, complici le sempre più frequenti e deprimenti apparizioni televisive di titolati, di eminenti professori universitari e di dorati delfini di buona famiglia, indistinguibili ormai da calciatori e veline in inarrestabile ascesa nelle zone vip. Lo snobismo ha ormai preso pieghe un tempo insospettabili: perfino le osterie sono diventate luoghi di culto. Il kitsch, da tempo feticizzato, è diventato uno strumento utile alla panzana dell'uguaglianza, un passatempo divertente per chi non ci è costretto. La cultura a sua volta, da strumento di conoscenza e democrazia si è trasformata in nuovo mezzo di distinzione, utile per definire gli ambiti di supremazia – forse perché in realtà non ce ne è davvero ancora abbastanza per tutti.

Si auspica per ognuno di noi l'esercizio quotidiano di una sana via di mezzo. Tra la algida spocchia e la altrettanto indisponente familiarità caramellosa, è decisamente più cordiale e rispettoso mostrarsi per ciò che si è, nel bene o nel male. Non sono i titoli – o i non titoli, di qualunque natura – a fare una persona, ma i suoi modi garbati e la disponibilità verso gli altri. Se siete una persona di potere non lo nascondete né approfittatene, due modi identici di dimostrarsi villani, così come se avete letto molto, se discendete da antica stirpe o se disponete di ingenti fortune.

Titoli

Si dice che in Italia siamo tutti "dottori". Nonostante le sommarie definizioni di molti, esiste un codice linguistico preciso per rivolgersi a persone che ricoprono ruoli o cariche particolari. Cosa che non indica una differenza di valore o di grado tra le persone, ma solo una maggiore proprietà di linguaggio ed educazione.

☞ Con gli ecclesiastici. Il Papa è Sua Santità, Beatissimo Padre per scritto; i Cardinali sono eminenze; per un Vescovo o un Arcivescovo si userà l'appellativo di eccellenza o monsignore. Un prete o un frate possono essere chiamati padre, una suora sorella, se è superiora madre. Un pastore (o una pastora) protestante è signore (signora); un rabbino è dottore.

☞ Con i politici. Ci si rivolge al Capo dello Stato chiamandolo Signor Presidente o eccellenza; al Presidente del Consiglio con Signor Presidente. Con ministri, prefetti, sindaci e Presidenti di Senato, Camera, Tribunale e Corte di Cassazione si antepone l'appellativo di signore. Senatori e deputati sono onorevoli.

☞ Sovrani, nobili e militari. Negli stati in cui sopravvivono istituzioni ereditarie, imperatori, re e principi sono altezze; gli altri titolati non vanno preceduti da alcun "signore". I militari vengono chiamati con il loro nome preceduto dal grado (per esempio: colonnello Rossi).

☞ Accademici. Il rettore di un istituto universitario è magnifico; chiarissimo invece l'appellativo che si suole scrivere per designare un professore ordinario. Sono infine dottori i ricercatori, gli assistenti e i laureati.

L'etichetta degli INVITI

Quando si invita qualcuno per un tè, una cena o una festa, il modo migliore per comunicare le proprie intenzioni è farlo per telefono. Se si tratta di un numero particolarmente ampio di persone, o di un invito per una occasione ufficiale, invece, è meglio un cartoncino scritto. È preferibile avvertire almeno una decina di giorni prima, per permettere a tutti di piazzare per tempo bambini, cani e vecchie zie, spostare appuntamenti e palestre, farsi le necessarie maschere di bellezza ed eventualmente acquistare un "capetto" originale da indossare per l'appuntamento, ed è altresì utile specificare l'ora e il giorno – ovvio – ma anche l'occasione per cui ci si riunisce. In base a tali indicazioni, infatti, gli invitati potranno regolarsi su come abbigliarsi e cosa aspettarsi.

A ogni modo, cercate di rendere il più chiaro possibile il tono dell'incontro, in modo da non mettere in difficoltà nessuno dei vostri invitati. In alcuni casi è bene esplicitare direttamente sull'invito se richiesto l'abito scuro. Qualunque sia il tipo di riunione o cena che intendete dare, la casa deve ovviamente essere nelle migliori condizioni possibili. In bagno sarà cortese far trovare asciugamani freschi di bucato – pratica la soluzione di offrire piccoli asciugadita in un cesto – e le antenne della padrona di casa dovranno essere costantemente tese a captare ogni minima necessità degli invitati. Se gli amici che avete invitato porteranno con loro bambini piccoli, è gentile fare in modo di eliminare gli oggetti pericolosi e fragili dal metro e mezzo in giù, onde evitare a entrambi di trascorrere la serata in tensione, con gli ospiti a controllare a vista i piccoli onde evitare cristallerie della nonna in frantumi e inopportune decapitazioni alle statue pigmee in legno morbido, e voi a mascherare dietro un'impassibile facciata degna del lifting peggiore una sofferenza sublime a ogni tocco dei piccoli unni paffuti. Colmo della cortesia potrebbe essere far trovare loro un piccolo libro o un altro dono in grado di tenerli occupati.

Dalla più informale spaghettata tra amici al cocktail ufficiale in onore dell'ambasciatore, ai padroni di casa spettano i compiti più ardui: curare che la conversazione non si svilisca mai, e assicurarsi che cibo e bevande siano soddisfacenti per qualità e quantità.

Se qualche invitato si presenta con qualche bottiglia di vino, un dolce o una specialità alimentare, fate attenzione a che venga consumata la sera stessa, ribadendo una volta (una sola) il ringraziamento per il prezioso contributo al momento dell'assaggio.

Se si ricevono dei fiori, sistemarli immediatamente in un vaso adatto. Anche se la serata si sta protraendo oltre l'ora legittima, e la stanchezza vi sta assalendo, non è concesso mostrare segni di cedimento agli invitati, per accelerarne l'uscita di casa.

Sette regole d'oro

☞ Accogliere sempre sulla porta i propri invitati aiutandoli a svestirsi e prendendo in consegna eventuali oggetti.

☞ Mai, nemmeno nell'occasione più familiare, ricevere in pantofole, per quanto originali possano essere.

☞ Solo i veri perfidi invitano ex (coniugi, fidanzati, amanti, soci) contemporaneamente. Il cinismo può essere in voga, ma non è certo sinonimo di bon ton.

☞ Non insistere nel riempire ripetutamente i piatti dei commensali.

☞ Non profondersi in scuse se qualche pietanza non è riuscita esattamente come desiderato. Come insegnano i maestri di giornalismo, ogni rettifica ribadisce la notizia.

☞ Non imporre passatempi come giochi di società o di carte – a meno che non sia stato preventivamente concordato con tutti gli invitati – né esibizioni di amici virtuosi di qualche strumento o del belcanto.

☞ Accompagnare sempre alla porta gli ospiti che salutano la compagnia e aspettare che siano entrati in ascensore o siano scesi dal pianerottolo per chiudere la porta.

Inviti a lungo decorso

Se i vostri invitati vi hanno raggiunti per trascorrere con voi qualche giorno, fate in modo che si sentano come a casa propria. Se infatti l'ospite perfetto fa in modo di non arrecare disturbo a chi lo ha invitato, è il padrone di casa che deve innanzitutto metterlo nella condizione di non dover chiedere.

Dunque illustrare la disposizione delle stanze, indicando i servizi principali, e spiegare brevemente le abitudini della casa, informandosi su quelle dell'ospite per potersi venire incontro. Ricordate che tra sud e nord, sia d'Italia che del mondo, le abitudini alimentari e soprattutto gli orari variano molto. Se in Sicilia non si cena prima delle nove, in Alto Adige è più probabile che l'orario sia anticipato di un paio d'ore. Se ci sono azioni che infastidiscono in modo particolare, chiaritele immediatamente, ma fate in modo di non obbligare i vostri invitati a piegarsi alle vostre precise condizioni. La convivenza, anche se breve, deve sempre essere una mediazione tra le esigenze di tutti.

Mettere nelle condizioni di maggiore libertà il vostro ospite è il regalo migliore che potrete fargli. Dunque presenza, non assillo: crea altrettanto disagio della disattenzione chi si dimostra eccessivamente servizievole e ossessivamente premuroso, trasformando il soggiorno del proprio invitato in una stressante e faticosa impresa lavorativa per sé e per lui/lei un debito morale inestinguibile.

Il letto si fa trovare già preparato, la biancheria da bagno fresca di bucato dove necessario; mostrate con accuratezza dove si trovano gli interruttori della luce, onde evitare di incontrare poi strani fantasmi notturni. Se non avete l'abitudine di tenere chiavi nella toppa (bambini in giro!), ricordate che la *privacy* almeno in bagno è fondamentale, per cui ricordatevi di darla al vostro ospite, oltre a mostrargli dove si trova l'asciugacapelli.

L'accesso alla cucina deve essere libero e incondizionato, e la fornitura deve essere se possibile più ampia delle vostre quotidiane abitudini. Se state seguendo una dieta, sono problemi solo vostri se il cibo in più vi induce in tentazione: chi vi viene a trovare ha il diritto di ingrassare a suo piacimento, con spuntini e snack a disposizione a tutte le ore. Infine è carino lasciare un mazzo di chiavi di casa all'ospite, avendo cura che non manchi quella del portone o del cancello.

Se invitate degli amici al mare, informatevi prima sulla disponibilità di erogazione dell'acqua nel periodo in cui saranno con voi, onde evitare di obbligare a situazioni incresciose.

Se invitate degli amici in campagna, ricordate che non tutti sono inebriati dalla rilassante tranquillità del verde agreste. Detto chiaramente, per alcuni può essere decisamente noioso. Allo stesso modo, spesso per i cittadini stressati, la vita di un fine settimana nel verde è sinonimo di attività rustiche tanto pittoresche che fanno piccola contadinella: cercate di non obbligare tutti alla vostra *routine* spaccalegna-accensionecamino-araturaorto-passeggiatainsalita-analisidiognifogliaperriconoscimentoalberi-bandiera (sì, proprio quell'abominevole gioco in cui lo scatto è tutto). Dunque fate proposte ma lasciate liberi i vostri amici di scegliersi il passatempo che preferiscono.

Infine la montagna: sia d'inverno che d'estate, fate in modo che la casa sia sempre calda (la temperatura si stabilisce insieme, non tutti amano tonificarsi) anche all'arrivo, che ci siano coperte e maglioni extra per tutti, che ci sia spazio per riporre scarponi e sci in luoghi non fastidiosi.

Detto questo, se i vostri ospiti si rivelano dei tremendi rompiscatole sempre pronti a lamentarsi, sorridete e cancellate il loro nome dalla lista delle persone da ri-invitare.

In caso di

OSPITI

La puntualità innanzitutto. Se alle feste tutti dovessero arrivare più tardi dell'ora indicata, perché fa molto hollywood arrivare durante il cuore dei festeggiamenti, ai poveri padroni di casa non resterebbe che anticipare di un'ora almeno ogni tipo di ritrovo. Capita a tutti di ritardare, qualche volta, ma gli abitudinari sono fastidiosi e maleducati.

Quando si riceve un invito, sia che venga specificato sul cartoncino dalla sigla RSVP (*répondez s'il vous plaît*) oppure no, è bene telefonare per ringraziare e comunicare per tempo la propria intenzione a partecipare. Se non vi è chiaro il tono della serata e il conseguente abbigliamento, cercate di chiedere maggiori delucidazioni con la maggiore discrezione possibile.

A ogni modo ricordate la massima "meglio meno che più" e cercate di studiare soluzioni-mediazione nei casi difficili. Comunque mai presentarsi troppo sportivi a un appuntamento dopo le 8 di sera, né arrivare direttamente dall'ufficio: un piccolo riguardo, quest'ultimo, dall'alto valore intrinseco, vista l'importanza che si concede al proprio lavoro, di questi tempi.

Se siete invitati a una cena tra pochi intimi, non affannatevi a voler aiutare la padrona di casa a tutti i costi; basterà che facciate il possibile per tenere in ordine il vostro spazio.

Presentatevi con un piccolo dono, una pianta, una bottiglia di ottimo vino, un dolce, dei fiori. Se sceglierete questi ultimi, una deliziosa finezza sarà farli recapitare nel pomeriggio alla padrona di casa, per evitarle il traffico di sistemarli in vaso mentre accoglie voi e altri ospiti, segue la conversazione e controlla che tutto stia procedendo per il meglio in cucina.

Cercate di essere concilianti nell'affrontare il menù, anche se non è esattamente di vostro gradimento; se siete vegetariani e vi viene servita della carne, se proprio non riuscite a scendere a patti con i vostri principi almeno evitate sgradevoli commenti e millantate uno scarso appetito.

Bene un complimento, ma evitate gli elogi eccessivi, come se una tavola così ben imbandita fosse per i padroni di casa un'eccezione da rimarcare.

Se partecipate a un cocktail, a una colazione in piedi o a una festa affollata, evitate di tampinare tutti gli intervenuti, muovendovi come topi impazziti, ma cercate di coltivarvi una conversazione che duri almeno dieci minuti.

Tranne che in occasione di cocktail, non chiedete il permesso di condurre con voi un amico.

Ospiti a lungo corso

Se siete ospiti per qualche giorno – gli inviti vanno accettati solo se siete assolutamente certi di essere graditi e non solo dietro un generico "venga a trovarci" di cortesia – cercate di scombussolare il meno possibile la *routine* familiare di chi vi accoglie.

✔ Fate sapere con sollecitudine l'ora del vostro arrivo, così come quella della partenza; entrambe non saranno mai né troppo presto la mattina né troppo tardi la sera.

✔ Evitate di portare con voi bagagli molto numerosi o ingombranti. Non siete alloggiati in un albergo: dunque mantenete in ordine le vostre cose, senza invadere gli spazi comuni, chiedendo delucidazioni e oggetti quando necessario.

✔ Non occupate troppo a lungo il bagno e lasciatelo sempre in ordine quando uscite. Bussate prima di entrare in qualche stanza.

✔ Non date da lavare o da stirare nulla, nemmeno se ci fosse personale di servizio fisso; cercate inoltre di usare con discrezione il telefono, sia per parlare – anche se la diffusione dei cellulari ha reso pressoché inutile simile consiglio – sia per collegarvi a Internet.

✔ Non imponetevi come cuochi per tentare maldestramente di sdebitarvi con quel vostro sughino specialissimo, né forzate la mano tornando dalla passeggiata con innumerevoli buste stracolme di spesa: può essere interpretato dalla padrona di casa come un rimprovero per insufficienza di provviste.

✔ Chiarite immediatamente a chi vi ospita, se già non ne è al corrente, eventuali allergie e intolleranze alimentari.

✔ Va bene anche far sapere che siete vegetariani, ma non cercate né di convertire i vostri ospiti alla causa, né di imporre altri tipi di tendenze alimentari. Per intendersi, se siete appassionati di macrobiotica, di cucina al vapore o di dissociazionismo vorrà dire che per il tempo in cui sarete ospiti farete una pausa.

✔ *Idem* per le diete, salvo seri problemi di salute. Se le vostre abitudini di vita sono troppo complicate, prendete seriamente in considerazione l'ipotesi di non infastidire chi vi ospita con la vostra presenza.

✔ Non pretendete la costante e indefessa compagnia dei padroni di casa, ma anzi cercate di quando in quando di ritagliarvi degli spazi di solitudine per fare una passeggiata o leggere un libro, in modo da dare respiro anche a chi vi ospita.

✔ Una volta tornati a casa propria è gentile ribadire i ringraziamenti per l'ottima accoglienza ricevuta con una telefonata o con un biglietto, magari accompagnato da fiori.

✔ Se siete stati invitati nella casa di vacanze dei vostri amici, mare, montagna o campagna che sia, informatevi in anticipo della disposizione della casa, in modo da corredare il vostro bagaglio di tutto ciò che è necessario per non annoiarvi: libri, acquerelli, uncinetto, snowboard, qualunque hobby è benaccetto salvo oggetti troppo ingombranti o pericolosi (il piccolo chimico a casa vostra, insomma).

✔ A ogni modo, una volta sul posto è vietato lamentarvi. Se il mare è freddo, la neve poca, le zanzare troppe, ricordatevi solo di non accettare ulteriori inviti da quelle parti, ma non assillate con le vostre lamentele chi pensava di essere cortese con voi.

Vita di COPPIA

"Tra moglie e marito non mettere dito". E nemmeno tra fidanzati, conviventi o *similia*. Non sarà certo questa la sede per suggerimenti su come comportarsi con il proprio partner, fatto salvo per alcune rapide e sempreverdi indicazioni sulle buone maniere da usare anche tra contigui di cuore che vivano sotto lo stesso tetto.

Gli uomini devono ricordare che:

✔ intimità non significa condividere i moti fisici più sgradevoli;

✔ l'eleganza e il vestiario possono ricoprire per le donne un ruolo totalmente diverso da quello che hanno per i maschi;

✔ il cristallino femminile è più sensibile agli accostamenti di colore;

✔ l'irritazione premestruale è legittima. Visto che per la prosecuzione della specie le donne sono fondamentali, cercate di sopportare ogni nervosismo legato a tale funzione quale debito di riconoscenza;

✔ le candele a tavola sono legittime. Evitate di passarci sopra con il braccio per risparmiare alla vostra compagna le vostre esclamazioni di garbato dissenso e il puzzo di pollo bruciato dei vostri maschi peli;

✔ i fiori in giardino regalano benessere indiretto anche a voi. Non lamentatevi se li dovete annaffiare mentre lei è via per qualche giorno;

✔ il cane l'avete voluto voi. Dunque non aspettatevi che sia lei a portarlo sempre a spasso, né che gli prepari il pastone, salvo collaborazioni occasionali;

✔ i figli, invece, sono di entrambi. *All inclusive*;

✔ non esiste uno standard di tempo per fare la doccia;

✔ ognuno disfa da sé la sua borsa da sport;

✔ il calcio è solo uno degli appuntamenti che la serata propone;

✔ volendo, c'è campo anche sopra il circolo polare artico;

✔ la mamma viene dopo;

✔ abbassare la tavoletta del water non è una cortesia che concedete magnanimamente e occasionalmente all'altro sesso, bensì un obbligo. Secondo voi il coperchio che segue immediatamente dopo per cosa è stato messo?

Le donne invece tengano a mente:

✔ la partita non è una sfilata di moda. Commentare il taglio di capelli dei giocatori o gli accostamenti di colore della seconda maglia non viene apprezzato, soprattutto durante momenti di alta tensione come in occasione di un rigore;

✔ le serate tra maschi non sono necessariamente un ritrovo per cacciare;

✔ è possibile che lui non la pensi come voi;

✔ è possibile che non gli piacciano le vostre migliori amiche;

✔ è possibile che detesti il sushi;

✔ trovarvi in seduta fiume al telefono quando torna dal lavoro non è gentile. Ricordate che in fondo a ogni uomo c'è un piccolo cacciatore che pensa di essere tornato alla caverna e di trovare ad attenderlo la sua compagna adorante. Fate almeno finta;

✔ ogni tanto può capitare effettivamente che si ammali per davvero;

✔ nessun giudice avallerebbe mai la vostra interpretazione del contratto matrimoniale secondo cui scaldare i piedi ghiacciati la sera nel letto è un dovere coniugale;

✔ esistono altri momenti, oltre a quello in cui lui sta beatamente pisolando sul divano, per passare l'aspirapolvere;

✔ nessuno, nemmeno voi, si alza la mattina con un alito da dentifricio "brezza di montagna";

✔ o lavora, o passa il tempo a lambiccarsi per scovare una nuova idea per sorprendervi con un regalo di eccezionale bellezza e originalità ogni santo giorno. Ma nel secondo caso, non avrebbe il contante necessario per acquistarvelo. Dunque regolatevi;

✔ esistono uomini cortesi e affettuosi. E non necessariamente perché devono nascondere una doppia vita;

✔ se lo volevate massaggiatore, dovevate cercare in un centro estetico.

La parità dei diritti, o almeno questo suo goffo tentativo che ci ritroviamo a vivere, ha apparentemente assolto i signori da alcune piccole, gradevolissime cortesie che sono sparite molto più rapidamente di quanto non siano apparsi benefici rivoluzionari femministi a ripareggiare il conto. Ricordiamo a tutti gli uomini che quella che viene sbrigativamente liquidata come "cavalleria" ha ancora un suo valore, può fare la differenza e comunque ha un *appeal* notevole, tale da poter garantire un consistente ritorno di punteggio nella scala dei valori con cui una donna giudica l'altro sesso. Gesti che poco costano ma tanto rendono all'immagine del principe azzurro che – ahinoi – ancora popola le fantasie recondite di legioni di fanciulle. Scherzi a parte, pur senza secondi fini è sempre un piacere assistere a tali gentilezze da parte del sesso forte. Ecco quali:

✔ cedere il passo alle gentili donzelle di fronte a una porta (tranne che nei casi previsti, vedi al prossimo capitolo);

✔ reggere loro il cappotto per aiutarle a infilarlo;

✔ aprire la portiera dell'auto;

✔ portare i pacchi più pesanti;

✔ cedere il posto a signore in dolce attesa, con bimbi piccoli o anziane;

✔ scostare la sedia dal tavolo per farle accomodare;

✔ non chiedere l'età.

Infine, una piccola nota sul cognome nella vita di coppia. È stabilito dal diritto che generalmente il cognome dei figli sia quello del padre. Secondo lo stesso principio, è previsto per le signore di usare il cognome del marito. Ultimamente si è diffusa sempre più l'abitudine di mantenere il nome della famiglia d'origine anche tra le donne sposate.

In caso di convivenza poi, questa dovrebbe essere una regola, anche se il nome del compagno gode di un certo rilievo sociale.

Vita con
GLI ALTRI

Niente di più semplice che dimenticarsi le buone maniere fuori di casa propria. Il nostro guscio è protetto e custodito con devozione, mentre appena usciti ci abbandoniamo all'incuria. Un po' come capita a certi stranieri in vacanza. Bene, se ci urta la mancanza di rispetto degli altri per ciò che è nostro, dovremmo cercare per primi di tenere presente cosa può infastidire il prossimo. Inoltre esistono dei codici di intesa che vanno rispettati negli ambiti di convivenza comune.

In spiaggia

Tipico esempio è la spiaggia. Se siete fortunati o potete garantirvi una splendida solitudine, meglio per voi: l'unica cosa da rispettare è l'ambiente che vi circonda – vedi alla voce Ecologia.

Ma se, come accade nella maggior parte dei casi, dovete condividere il vostro piccolo paradiso marino con altre persone, per quanto spazio possa esserci tra voi e la stuoia più vicina esistono alcune piccole norme da rispettare.

Non si grida. Tanto più se ci si trova in una piccola cala solitaria dove una volta tanto si può ascoltare il rumore del vento e della risacca. Senza auspicare un silenzio da certosini, è comunque sperabile una allegra discrezione. Se gli schiamazzi dei bambini che giocano con le onde mettono gioia, le urla forsennate della mamma che li richiama a riva sono stonate. Anche nel caso in cui sia una virtuosa del belcanto.

I racchettoni, i palloni, i pallini e le partitine devono svolgersi il più lontano possibile dagli altri. Se non è disponibile nessun lontano, si evita. Niente di più odioso di ritrovarsi sulla schiena appena unta di crema solare la sabbia di quelli che ti saltellano attorno, o peggio di starsene rincantucciati in attesa della pallonata fatale.

Niente banchetti all'unto di mare, con odori raccapriccianti che si spandono per il bagnasciuga nauseando i presenti. O vi dirigete al ristorante tipico nella capanna in riva al mare, o vi portate toast e frutta. Che è anche più salutare.

Discrezione sul nudo. Se ci sono famiglie con bambini, o anche persone normali e qualunque, potrebbero non gradire. Trovatevi uno scafo o un'isoletta privata.

La musica si ascolta in cuffia. Unica eccezione, una chitarra tra amici. La sabbia non si condisce con i nostri rifiuti. Nemmeno quelli biodegradabili. Non è piacevole vedere una spiaggia disseminata di bucce di frutta, torsoli o tovaglioli di carta, anche se tra qualche tempo spariranno.

Una piccola nota sull'abbigliamento cafone da spiaggia
Niente gioielli; niente trucco; niente calzini; niente sfilate.

In montagna

Anche gli amanti della montagna, sia estiva che invernale, devono fare attenzione a come la "consumano".

Sulle piste, è bene mantenere un comportamento prudente. Se volete esibirvi in discese spericolate, zigzagando a una velocità di crociera che rasenta i 100 all'ora tra ignari e tranquilli sciatori della domenica, cercatevi piste nerissime e solitarie, oppure abbiate il coraggio di infilarvi in un fuoripista. Se volete rischiare di sbattere, assicuratevi almeno di andare contro un abete e non un'altra persona. I genitori ammoniscano le proprie schegge impazzite che meglio note con il nome di piccoli sciatori al rispetto degli altri durante le discese. Lo snowboard è divertente, ma la neve è fredda. Non potete sostituirvi ai cannoni sparando tormente di neve sugli altri ogni volta che frenate. Fate in modo di imparare bene la tecnica prima di lanciarvi per le piste. Se state facendo una passeggiata su un sentiero di montagna, in estate, ricordatevi di salutare le persone che incrociate lungo il cammino, come buona abitudine sulle cime. Se trovate qualcuno in difficoltà, mettetegli a disposizione i vostri mezzi (telefonino, eventuali appoggi, medicazioni, acqua). I rifugi suono luoghi di ospitalità, non di invasione. Abbiatene rispetto e attenetevi alle regole. Non attraversate campi coltivati. Non usate moto e fuoristrada sui sentieri di montagna.

Nei locali

Il vero cavaliere si scopre qui. Quando si entra in un bar si verifica l'unica occasione in cui l'uomo non deve cedere il passo alla signora, ma precederla quasi a controllare che non ci siano sgradevolezze o pericoli. Una finezza che richiama alla mente saloon e cowboy, e che potrà far sorridere, ma che è sicuramente rivelatrice. Dunque tenetene conto.

Se le signore non si ritrovano più a chiacchierare ai tavolini di pasticcerie e caffè del centro, ma nella fretta quotidiana si precipitano al banco per un rapido *break*, i signori paiono deliziarsi sempre più spesso dell'accomodarsi al loro posto, sorseggiando una bevanda e sfogliando i quotidiani messi cortesemente a disposizione dalla gestione. A ogni modo, chiunque sia a sedersi con un giornale "pubblico" tra le mani cerchi di usufruire educatamente di tale servizio sfogliandolo rapidamente, facendo in modo di non sgualcirlo o piegarlo come un origami, né tenerlo troppo a lungo, visto che altri potrebbero desiderare di sfogliarlo.

Altra attenzione nel caso in cui ci si sieda al tavolino con amici è quella di non intasare il passaggio con le proprie sedie, né si riservano posti per gli amici che stanno per arrivare. Anche se si frequenta abitualmente il locale, non si è a casa propria, dunque niente confusione o prepotenza.

Se si sosta al bancone, non lo si ingombra con i propri oggetti né con la propria persona, se ci sono altri che attendono di consumare la propria ordinazione. Meglio spostarsi con le proprie carabattole in qualche angolo più tranquillo. L'aperitivo non è una cena, o almeno non lo è in tutti i locali: dunque non si rimane appollaiati tipo avvoltoi sul banco accanto agli stuzzichini, impedendo agli altri clienti di assaggiarne, divorando tutto ciò che viene servito come dei reduci da una lunga carestia.

Se desideriamo un po' di riservatezza mentre parliamo al cellulare, siamo noi a dover uscire dal locale, non tutto il resto della clientela. Dunque è inutile riservare occhiatacce a chi vi sembra invadente o al barista che non abbassa il volume della musica. Il bagno è pubblico: se il locale ha l'obbligo di metterlo a disposizione di tutti (e non solo degli avventori), chi vi entra ha il dovere di rispettarlo e lasciarlo pulito come – si spera – lo ha trovato. Né ci si intrattiene troppo a lungo per rifarsi il trucco, o peggio analizzare le condizioni della pelle e procedere a una casereccia pulizia del viso mentre altre signore aspettano in coda. Regola, questa, sempre valida per qualunque bagno pubblico ci troviamo a dover frequentare.

Al ristorante

Se nei bar e nei ritrovi notturni il problema del rumore spesso non si pone, visto che la musica è generalmente a un volume tale non solo da garantire l'impossibilità di una qualunque conversazione – è per questo che hanno tanto successo? – ma anche la presenza a se stessi, nei ristoranti è ancora auspicabile il rispetto di un tono di voce basso. Inoltre vanno seguiti alcuni piccoli accorgimenti per rendere piacevole a tutti la serata.

✔ Entra prima l'uomo, che tiene aperta la porta per lasciar passare la signora e seguirla fino al tavolo, dove si accomoda dopo di lei.

✔ Quando il cameriere viene a prendere le ordinazioni, si evita di fare confusione parlando e si espone chiaramente la propria scelta, senza ripensamenti.

✔ Se necessario, non si chiama il cameriere schioccando le dita, vociando o battendo una posata sul bicchiere, ma con un gesto discreto della mano quando siamo nella sua visuale.

✔ Se ci sono problemi, chiedere del direttore o del proprietario e non lamentarsi con il cameriere.

✔ Se il vasellame o i bicchieri hanno qualche macchia, chiedere di sostituirli e non procedere personalmente con il tovagliolo.

✔ Come sempre, i bambini: un po' di umana comprensione è concessa, ma non si può approfittarne, rovinando romantiche cene a lume di candela o appartate e piacevoli conversazioni con infanti che scorrazzano per il locale tirando palline di pane. Tra il rigore austroungarico di fine Ottocento e l'anarchia ribelle dei magici Sessanta, cercate di contenere le intemperanze dei vostri pargoli entro i limiti di civiltà. Meglio, non portateli troppo spesso in luoghi dove giustamente si annoiano.

✔ Spegnete il cellulare. Non è fastidioso solo per chi vi accompagna, ma anche per chi siede ai tavoli accanto essere interrotti da una samba polifonica o dalla sigla di *Jeeg robot d'acciaio*. La lettura è concessa solo se si è soli e solo mentre si aspetta.

✔ Non si assaggia il cibo dal piatto degli altri. Esiste questa categoria strana dei "piluccatori" di professione, che in qualunque situazione invece di richiedere direttamente la pietanza preferiscono assaggiarne dal commensale. Specialiste sono le signore, in particolare con i dolci. Forse per non sentirsi troppo in colpa rispetto alla dieta, si servono dal piatto dell'infastidito marito. Se proprio volete cedere alla tentazione, siate certi che il permesso accordato sia sincero, e che si tratti di un'eccezione. Inoltre, non sottolineate la traiettoria della vostra forchetta con una lunga traccia di macchie corrispondente sulla tovaglia.

✔ Il conto va saldato senza inscenare tarantelle del portafoglio e sceneggiate del "pago io". Meglio mettersi d'accordo in precedenza. Se ci sono dubbi sul conto, valutarli immediatamente, controllando discretamente e facendolo presente con gentilezza al personale.

Una piccola nota sui comportamenti a tavola

A tavola gli uomini non si tolgono la giacca né la cravatta, anche se il servizio è lento e il pasto si protrae a lungo. Le signore non si rifanno il trucco, ma vanno a incipriarsi il naso in bagno.

Cinema e teatro

Al cinema le regole sono poche ma severe.

✔ Si toglie sempre il cappello e si evitano pettinature a impalcatura.

✔ Evitare gli scartocciamenti. Se proprio necessario, vanno operati all'inizio della proiezione o durante l'intervallo, se previsto.

✔ Non si conserva il posto per chi deve arrivare stendendo giacche e disseminando cappelli sulle poltrone.

✔ Non si sbuffa se ci si trova davanti uno spilungone o una testa grossa. Tutt'al più si cerca un altro posto.

✔ Il cellulare deve essere spento. Se avete necessità di tenerlo acceso, togliete la suoneria e sedetevi in fondo alla sala, su una poltroncina esterna, in modo da uscire in caso di chiamata.

✔ I commenti si fanno all'uscita.

✔ Cartacce e avanzi non si lasciano sulla poltroncina ma si buttano all'uscita.

✔ Se si entra a spettacolo iniziato, sgradevole abitudine tutta nostrana, bisogna dare meno fastidio possibile. Se l'unico posto disponibile è quello al centro di una fila affollata, aspettare l'intervallo.

✔ Se colti da attacchi di tosse o starnuti a raffica, uscire.

Mentre il cinema è ormai parte del quotidiano, il teatro sembra avvolto da un'aura di eccezionalità che turba gli animi. Sfociasse in un maggiore rispetto per le rappresentazioni, sarebbe anche positivo. Ricordare che vale tutto quello già detto per il cinema, e in più...

✔ Assolutamente vietato arrivare tardi. Se le luci sono già spente in sala, rimanere ad attendere l'intervallo in fondo.

✔ Gli applausi a scena aperta vanno centellinati: il teatro non è cabaret, esiste una quarta parete invisibile, quella tra gli attori e gli spettatori, che non deve essere abbattuta se non a conclusione del lavoro. Gli applausi tolgono concentrazione, interrompono il fluire del dialogo e impediscono agli altri di sentire.

✔ A parte qualche rara occasione, come la prima della stagione operistica e qualche concerto particolarmente importante, andare a teatro non è un evento mondano, ma un piacere personale. Evitate di sfoggiare *mise* da sera eccessive.

✔ Purtroppo può capitare che ci siano errori nella distribuzione dei biglietti e trovare qualcuno seduto sulla vostra poltroncina. Non perdete la calma, fate notare l'incidente alla maschera e aspettate che il personale del teatro vi offra una soluzione soddisfacente.

✔ Se siete voi seduti, almeno per cortesia, se si tratta soprattutto di persone anziane, proponete loro di sedersi. Sarete voi a spostarvi da un'altra parte.

✔ Lasciate sempre una buona mancia al personale che vi accompagna a sedere. Spesso il loro vero guadagno, oltre che dal godersi gli spettacoli, viene da lì.

✔ Non ci si alza fino a che la rappresentazione non è conclusa, né all'intervallo anticipando tutti per evitare la calca al bar o in bagno, né alla fine, disturbando gli altri e rovinando il finale mentre ci si infila il cappotto e si ostruisce la vista lungo il corridoio.

✔ Se si tratta di un concerto di musica classica, la consegna del silenzio è, per ovvi motivi, ancora più rigorosa.

Musei e mostre

L'arte è di moda. Non si sa se gioirne, nella vaga speranza di vedere nascere qualche autentica passione, oppure dolersi delle fastidiose invasioni che gruppi barbari di scorta a ombrellini vaganti operano in gallerie ed esposizioni di gran richiamo. Vero è che tra tutte le mode questa pare forse una delle meno dannose. Va peraltro ricordato che visitare una mostra o un museo dovrebbe essere un piacere.

Dunque non esistono obblighi di fruizione, tranne quelli di rispetto per gli altri. Se vi colpisce una sola opera e non avete voglia di soffermarvi sulle altre, se non vi interessano i pannelli introduttivi, se siete stanchi e preferite andare al bar, fatelo. Le opere parlano al cuore, non è necessario conoscere vita, morte e miracoli di un dato artista per comprenderne il lavoro. Se vi colpisce, sarete voi stessi a nutrire curiosità e approfondire la vostra conoscenza. Per tutti coloro che non sono usi a musei e vernissage – ma anche per diversi tra coloro che li frequentano abitualmente – ecco alcuni suggerimenti di buona educazione da seguire per consentire a tutti di godere delle bellezze artistiche esposte.

✔ Non tenete un volume di voce molto alto.

✔ Se avete una guida, ascoltatela con attenzione senza mostrare segni di noia. Se proprio non è di vostro gradimento lasciate il gruppo e uscite.

✔ Anche se siete professori in materia, trattenetevi dal tenere lezioni per mostrare il vostro sapere.

✔ Evitate anche di inscenare mancamenti per l'emozione di trovarvi di fronte a un'opera particolarmente bella. La sindrome di Stendhal è quantomai rara e non fa di voi degli animi superiori. Vietati anche sospironi e gridolini a sottotitolo della vostra meravigliata ammirazione.

✔ Anche se rimanete in voi, cercate di non sostare in estasi per ore di fronte a un'opera costringendo gli altri visitatori a visioni laterali. In generale, non state troppo vicini alle opere (e ovviamente non toccatele).

✔ Non si fanno fotografie con il flash. Se vi piacciono così tanto i capolavori esposti, acquistate il catalogo o tutt'al più una cartolina.

✔ Informatevi se è possibile prenotare la visita e cercate di scegliere le ore meno affollate. È un bene per voi e per tutti scaglionare gli ingressi e poter godere con maggiore tranquillità dei capolavori esposti.

✔ Se siete invitati all'inaugurazione di una mostra, non scaraventatevi sul buffet ma cercate di dimostrare almeno un minimo interesse per le opere esposte e per la loro presentazione.

✔ Attenzione ai commenti negativi. Curatori e artisti potrebbero essere in zona.

Nei luoghi di culto

Che si sia credenti oppure no, il rispetto per i luoghi di culto è un dovere. Sia che vi troviate in visita turistica, sia che dobbiate presenziare a una cerimonia, il vostro atteggiamento sia composto e adeguato.

✔ Se turisti, non si entra durante le celebrazioni.

✔ Non si visita un luogo di culto con un abbigliamento poco consono. È comprensibile che d'estate la *mise* del turista sia ridotta, ma è altrettanto evidente che non è rispettoso presentarsi in canottiera e pantaloncini. Una soluzione pratica è portare con sé un leggero scialle o un pareo.

✔ Se si sta per entrare in una moschea ci si levano le scarpe e ci si coprono le spalle.

✔ Non si disturba parlando ad alta voce.

✔ Se partecipate per "dovere" a una celebrazione, non gironzolate guardandovi attorno, chiacchierando in continuazione o ridendo. Se proprio non resistete uscite.

✔ Se siete incaricati di filmare o fotografare un rito solenne, non siate invadenti. Se non siete pratici del tipo di rito, chiedete prima al celebrante dove e come potete "appostarvi" per non disturbare. Evitate comunque di accecare i presenti con flash insistenti e di gironzolare attorno a tutti come api sul miele.

✔ Anche l'immediato esterno dovrebbe essere curato un po' di più. Non sdraiatevi sui gradini delle chiese a prendere il sole o ad allestire pic nic.

In albergo

Il cliente dell'albergo si chiama ospite non a caso. Anche se si paga, infatti, è dovuto il necessario rispetto al personale e ai vicini di stanza.

✔ Dunque la camera non si lascia nel caos totale, soprattutto con indumenti abbandonati ovunque, piena di sabbia o con i bagni in condizione impossibile.

✔ Se l'albergo non fornisce teli di spugna per la spiaggia, non usate quelli in dotazione per il bagno. Sicuramente esisterà un negozio nella zona dove poter acquistare ciò che si è dimenticato.

✔ Gli adolescenti in gita scolastica sono vagamente tollerabili, ma gli adulti che fanno confusione, corrono e parlano ad alta voce per i corridoi non sono scusabili.

✔ Se si devono svegliare presto gli amici della stanza accanto non si va a bussare vigorosamente loro sulla porta spaventando tutta l'ala, ma si usa il telefono.

✔ È importante inoltre rispettare gli orari dei pasti e di servizio, essere cordiali con il personale, lasciare mance abbondanti.

Le buone maniere CON LA TERRA

Con l'ecologia bisogna farci i conti. Inutile nascondersi dietro a un dito: l'epoca dello spreco incontrollato deve terminare, per il bene di tutti. Anche se agli occhi del bel mondo il concetto di dissipazione delle risorse è da sempre (diciamo almeno dal Seicento?) abbinato a quello di sfarzo ed eleganza, è tempo di tirare i remi in barca e riconsiderare le proprie posizioni. Naturalmente, a parte lo smistamento della spazzatura per il riciclaggio stabilito per legge, vale il discorso delle buone maniere: non è obbligatorio avere uno spirito ecologista. Ma è sicuramente intelligente e lungimirante. E se buona educazione significa rispetto degli altri allora anche l'ecologia lo è, visto che rispettando l'ambiente si rispetta un bene che appartiene a tutti.

È vero, forse non siamo direttamente responsabili della deforestazione dell'Amazzonia, dell'effetto serra o della caccia alle balene. Eppure un comportamento ecologicamente corretto contribuisce non solo al miglioramento delle immediate condizioni della vita nelle nostre città, ma anche al diffondersi di una mentalità più attenta. Cosa che porta indirettamente anche alla soluzione dei problemi maggiori. Senza contare che utilizzare sempre carta riciclata, evitare sprechi energetici e controllare i componenti del nostro profumo (scegliendo solo quelli privi dell'ambra grigia che si ricava dalle balene) è comunque un piccolo contributo anche alla soluzione diretta delle grandi questioni. Le buone maniere ecologiche sono azioni in negativo, sono scelte di non-utilizzo o almeno di uso parsimonioso di quei beni creati dalla società dei consumi che sono in conflitto con l'ecosistema. Il disprezzo cinico per i grandi ideali che fa tanto tendenza, la paura di passare da rompiscatole o da fissati, ci fanno spesso dimenticare in quanti piccoli gesti si stempera il rispetto per l'ambiente.

Trasporti

Innanzitutto gli scarichi delle automobili: una revisione puntuale del carburatore è utile a evitare quell'orribile fumo nero che le auto lasciano dietro sé. Per gli spiriti impavidi, abbandonare ogni tanto la macchina per sgranchirsi le gambe in bicicletta o facendo una passeggiata è una possibilità da considerare. Infine gli automezzi pubblici: è vero, non sono così frequenti, non sempre ci si può sedere, il biglietto è tutto fuorché economico. Eppure sono le ultime biblioteche che ci sono rimaste: dove se no trovare il tempo di leggere qualche buon libro (azzardiamo addirittura qualche quotidiano?).

Lo stress da traffico metropolitano se lo becca tutto il conducente, e con qualche accorgimento utile, tipo controllare in anticipo gli orari, è possibile fare un viaggio magari anche più piacevole che inscatolati in automobile. È vero, gli autobus stipati delle ore di punta non sono un bello spettacolo – e soprattutto una gradevole esperienza – ma se dovete spostarvi in altri momenti, almeno prendete in considerazione la possibilità. Infine evitate anche l'inquinamento acustico: se il vostro scooter – ormai noto tra i vostri amici come motorino a scoreggetta – o l'auto fanno troppo rumore, sistemateli in modo da risolvere il problema.

Prodotti

Usare prodotti biologici è ormai una consuetudine diffusa. Forse perché convinti dell'influsso del cibo sulla propria vita – non certo per preoccupazioni quali la diffusione del DDT ai poli – molti di noi sono ormai abituati a scegliere bene quello che mangiano.

Ma leggere le etichette e saper distinguere i prodotti dovrebbe coinvolgere anche l'acquisto dei detersivi, che devono essere biodegradabili. Tenete comunque presente che le dosi consigliate sono generalmente eccessive. I deodoranti per la casa contengono sostanze tossiche: meglio usare fiori, incensi, se non semplicemente spalancare le finestre.

Gite fuoriporta

Trovare un angolo di mondo ancora incontaminato ci spinge verso mete sempre più lontane ed esotiche. Che siate su un atollo o nel prato sopra Aosta raggiunto con la funivia, ricordatevi che la spazzatura è vostra.

Dunque se non volete riportare indietro tanta immondizia, viaggiate leggeri anche all'andata. Bicchieri, piatti, lattine, sacchetti di plastica vanno buttati nei cestini. Oppure riportati a casa.

Gite fuoriporta bis

Un falò e una chitarra, una bella grigliata nel bosco fanno tanto Arcadia e romanticherie varie. Peccato che il rischio di incendio causato da fuochisti occasionali sia altissimo.

Dunque, bando ai bucolicismi e portatevi cose pronte. E le sigarette o ve le spegnete da veri uomini sul braccio, oppure evitate di fumarle.

Gite fuoriporta tris

I fiori sono belli dove stanno. Soprattutto se sono specie protette. Se andate per funghi, rispettate i giorni preposti e lasciate il tempo all'ecosistema di ripigliarsi dopo il vostro vorace passaggio.

Pelliccia

Dalla preistoria l'uomo usa le pelli di animali per ripararsi dal freddo. In epoca di goretex, microfibre e tute spaziali, indossarle ancora sa, appunto, di cavernicolo.

Riscaldamento

Inquinano di più i palazzi del traffico. Non è una novità. Nessuno desidera passare gli inverni al freddo, ma per esempio fare lo sforzo di installare depuratori e riscaldamenti autonomi potrebbe essere un inizio.

Se la temperatura è particolarmente rigida, tenere il riscaldamento acceso a una temperatura bassa costante consente di consumare meno che non spegnendo e riaccendendo più volte durante la giornata.

Aggeggi elettronici

Gli elettrodomestici con la resistenza sono degli autentici vampiri energetici: dieci minuti di tostapane consumano quanto due ore di televisione (detto questo, meglio un toast che un *reality show*). La sera, contrariamente a quanto si pensa, il consumo di corrente è ridotto perché le aziende sono generalmente chiuse.

Dunque approfittare di quelle ore per far funzionare lavatrice e lavastoviglie, sempre però facendo attenzione a non disturbare i vicini di casa con una centrifuga improvvisa all'una di notte.

Spegnere il televisore completamente, senza lasciare acceso il led rosso, che continua a consumare oltre a emettere radiazioni elettromagnetiche.

Telefoni cellulari e computer contengono parti altamente inquinanti.

Nella società del consumo si tende a cambiare appena qualcosa si rompe, per piacere e per convenienza (le riparazioni spesso costano più che le sostituzioni). Eppure siate consapevoli che ogni marchingegno che buttate ha un certo grado di tossicità. Almeno portate il cadavere in luoghi di smaltimento preposti.

A ogni modo cercare di avere uno spirito critico nei confronti delle proprie azioni – tipo non approfittarsi dei privilegi di cui si gode per arrivare fino in piazza del Duomo in automobile – evitare gli sprechi di qualunque genere e fare attenzione a riciclare e a rispettare l'ambiente è un comportamento educato nei confronti della terra, degli altri ma soprattutto di se stessi.

Regali,

CHE FARE?

Siamo o non siamo la società del consumismo? Tra gli eccessi cui ci autosottoponiamo, il più evidente è lo "spreco" di regali. Un tempo esistevano le feste comandate – Natale, compleanno, anniversario o promozione – e le sorprese romantiche tra innamorati. Ora ogni occasione, anche il semplice trascorrere di una settimana, è buona per fare un regalo. In realtà ciò che potrebbe passare per una gentilezza estrema si trasforma in questo modo in uno svilimento del gesto, in una perdita di coscienza del valore di ciò che abbiamo. Il regalo dovrebbe essere dispensato con prodigalità in quanto a consistenza, ma con elegante sobrietà in fatto di frequenza. L'attesa, il desiderio, la curiosità, sono piccoli piaceri che vanno coltivati con dedizione, per sé e per gli altri.

Certo, può capitare – ed è molto apprezzabile – di scovare per caso un'idea perfetta per una persona cara, e decidere di regalarla anche in mancanza di un'occasione specifica, ma non deve essere la norma. Tanto meno un obbligo: il regalo dovrebbe essere un piacere per entrambi, chi lo pensa e chi lo riceve. Se dunque in occasione di inviti e visite fiori e dolci sono maggiormente indicati, quando si presentano gli appuntamenti "capitali", in cui il dono è necessario, tenere presente alcuni principi-base.

Il regalo deve far piacere soprattutto a chi lo riceve, piuttosto che a chi lo fa. È vero che attraverso il nostro presente trasmettiamo un po' di ciò che siamo, ma facciamo almeno in modo che sia una mediazione con ciò che è l'altro. Dunque va bene non piegarsi al videogioco per il proprio figlio adolescente – se lo comprerà con i suoi risparmi se proprio ci tiene – se non condividiamo la sua fissazione, ma in cambio non si può certo proporgli l'*Ulisse* di Joyce. Se proprio vogliamo condividere con lui il piacere della lettura, viriamo su un più divertente Herriot, sulla mitica Rowling o sul sempreverde Tolkien, oppure facciamoci consigliare da un libraio competente.

Allo stesso modo, non diamo nulla per scontato: non è detto che la nonna apprezzi inevitabilmente foulard di seta e spille, né che l'amica casalinga sia una buona massaia che non attende altro che di cimentarsi nelle sfide lanciate dalla versione aggiornata del *Cucchiaio d'argento*. Comunque ogni errore è perdonato se il tentativo è sincero. E la sincerità di un gesto si sente, questo è certo.

Non fatevi tentare dalla facile soluzione di regalare soldi. Il regalo è una dimostrazione di attenzione, e come tale va studiato e preparato con cura e con tutto l'impegno necessario. O almeno, se proprio preferite non rischiare, aggiungete alla busta (mai consegnare il denaro nudo e bruco, e aggiungere sempre e comunque un biglietto di auguri) una bazzecola che però conservi la caratteristica di sorpresa e personalità del regalo.

Attenzione alla confezione. È vero che il pensiero è importante: non nel senso che basta pensarci senza fare nulla, come a volte alcuni sembrano voler interpretare, ma per il fatto che il vero valore di un dono sta nell'atteggiamento con cui lo si regala. La cura con cui si impacchetta il dono, l'aggiunta di un bigliettino con due parole di augurio, anche stenterelle, sono sicuramente fattori importanti nell'indice di gradimento del gesto.

Se avete un'amante, a cui siete soliti dispensare doni imperiali, sono fatti vostri e della vostra coscienza: ma diamanti e rose rosse sono solo per la propria moglie. Qualunque altra scelta è davvero di pessimo gusto.

Non disdegnate la possibilità di unirvi ad altri per un regalo: è un modo per utilizzare al meglio le risorse comuni. Soprattutto nel caso in cui non si conosca molto a fondo la persona da omaggiare (come per esempio un amico acquisito o un collega di lavoro), il regalo comune rappresenta una soluzione utile sia a chi lo fa che a chi lo riceve per evitare inutili sprechi di energie e denaro. L'unione fa la forza.

Se in occasione di un matrimonio vi viene proposta, come sempre più frequentemente accade, una lista nozze, attenetevici, anche se non siete degli amanti del genere. A meno di una particolare confidenza con gli sposi, rispettare i loro desideri è un gesto di massima disponibilità nei loro confronti che vale molto di più del (decimo) servizio per caffè in porcellana finissima di Sévres. Se volete farvi ricordare in modo speciale dalla coppia, esistono mille altre attenzioni che non necessariamente un regalo "fuoriserie".

Anche se siete voi a ricevere il dono esiste, ovviamente, un codice di comportamento adeguato. Il migliore ringraziamento, dopo quelli verbali di rito, è nell'utilizzo di ciò che si è ricevuto: senza arrivare a indossare ogni volta che si programma una cena insieme lo stesso maglione che vi ha regalato a Natale la zia, è comunque piacevole mostrare con i fatti il proprio apprezzamento. Se siete sportivissime e vi sono state donate un paio di *decolletée* dal tacco sottilissimo, oppure avete ricevuto un'inquietante stampa di Picasso quando voi da sempre siete degli amanti di Poussin, cercate di far buon viso a cattivo gioco, e non sentitevi in obbligo di cambiare guardaroba e portamento per adattarlo al dono, né di appendere il quadro al centro del salotto. Se poi addirittura vi trovate a scartare uno spremiagrumi di design ma siete allergici alle arance – cosa di cui non era al corrente la persona che vi ha fatto il regalo, ovviamente – potete tentare con molta delicatezza di dirlo immediatamente, esprimendo tutto il vostro apprezzamento per il bellissimo oggetto e il vostro dispiacere nel non poterlo utilizzare. Anche chi vi ha omaggiato incolpevolmente preferirà cambiare il regalo.

Diverso è il caso in cui la persona fosse al corrente del vostro disagio: una simile deplorevole noncuranza merita che il dono finisca nel dimenticatoio.

Se pensate di cambiare il dono ricevuto, fate sempre attenzione a che non ci siano ricamate le vostre iniziali in qualche angolo, onde evitare spiacevoli imbarazzi al momento di riportarlo al negozio.

Ultima possibilità, piuttosto diffusa ormai, è il riciclo del dono. Si tratta in realtà di un'abitudine piuttosto villana, che se scoperta vi espone a una situazione decisamente imbarazzante. Meglio allora giocare scoperto e proporre agli amici un Natale insolito in cui, accompagnato da una allegra festa, lo scambio dei regali prevederà solo oggetti riciclati. Inaspettatamente potreste ritrovarvi a scartare un fantastico paio di scarpe da trekking ricevute in dono e mai usate dal vostro pigerrimo amico bibliotecario, potendo allo stesso tempo offrire le vostre famose *decolletée* da dieci centimetri di tacco alla sciantosa del gruppo.

Cosa non regalare mai:

- spille e fermacravatta (pungono, e "dono che punge, l'amor disgiunge"...);
- fazzoletti (portano lacrime);
- perle (anche queste associate secondo tradizione alle lacrime);
- animali (senza accertazione preventiva del piacere di tale regalo);
- crisantemi (per lo meno in Italia);
- portafortuna (ognuno si sceglie il suo).

Ditelo
CON I FIORI

Un meraviglioso classico tra gli omaggi maschili è offrire fiori. Ma anche tra amiche, con i parenti, con persone che ci hanno aiutato, è un gesto sempre gradito, un modo semplice per disimpegnarsi in ogni occasione, quando non si sa esattamente cosa scegliere. Eppure anche i fiori vanno saputi porgere nel modo giusto, per dare valore al dono e non svilirlo in un semplice paracadute senza sentimento. Innanzitutto il mazzo di fiori va scelto, da un fiorista di fiducia, e composto in modo originale, o quantomeno pensato.

Se si invia, va sempre accompagnato da un bigliettino, che sia solo firmato o con un pensiero più o meno lungo e originale, un biglietto da visita o anche – ma esclusivamente nel caso in cui siate in un'altra città – scritto dal fiorista, non deve mai mancare, per permettere a chi riceve l'omaggio di individuare immediatamente il donatore e ringraziarlo.

Unica eccezione ammessa, ovviamente, se i fiori si porgono di persona. Esiste uno specifico linguaggio dei fiori e uno dei colori, anche se non sono più ormai molto noti. L'importante comunque è prestare attenzione ad alcuni nodi fondamentali per non tramutare una gentilezza in un gesto volgare.

✔ Mai mandare fiori in numero pari. Le famose dozzine sono eccessive e pacchiane.

✔ Per le persone allettate o in ospedale preferire sempre fiori inodori.

✔ In occasione di nozze, battesimi e comunioni vanno scelti i fiori bianchi.

✔ Non si regalano garofani a persone di spettacolo, che li considerano di malaugurio.

✔ Non si regalano rose nere.

✔ Non si regalano margherite in Francia: per i francesi sono il fiore dell'addio.

✔ In Inghilterra invece non si regalano gigli bianchi, fiori cimiteriali.

✔ In Austria le rose rosse sono automaticamente il fiore della dichiarazione amorosa, fate attenzione.

L'arte del buon CONSIGLIERE

Apparentemente in contrasto con il presente manuale, l'unica regola sui consigli è: non darli. Non solo per un codardo (eppur reale) rischio che vi si ritorcano contro, ma perché sono davvero di poco gusto i consigli non desiderati – e con questo salviamo il presente manuale dall'autoincenerimento per coerenza, visto che se l'avete scelto ve lo siete voluto. Diverso è se il consiglio vi viene esplicitamente richiesto. In caso vi si presenti questa peregrina occasione, è necessario fare una riflessione di base e tenere conto di alcuni fattori prima di aprire bocca. In linea di principio, dare un consiglio significa mettersi nei panni di chi lo chiede e rispondere sensatamente, suggerendo un'azione che comunque la vostra personalità e il vostro originale punto di vista vi spingerebbe a perseguire.

Dunque capire le condizioni in cui il vostro disorientato interlocutore si trova calandosi appassionatamente nel personaggio, ma reagire secondo il proprio pensiero, non quello di chi vi ascolta. Tutto ciò risulta estremamente difficile nonché pericoloso. Anzitutto perché anche chi è così disperato da chiedere un consiglio in realtà ha già una precisa idea in testa di quello che vorrebbe fare e cerca semplicemente qualcuno che gliela avalli. Ma altrettanto generalmente l'idea che gli altri hanno in testa non corrisponde necessariamente all'idea migliore, al comportamento migliore da tenere. Dunque se rispondete sinceramente, cercando la soluzione più adatta, probabilmente non sarete graditi; se sceglierete l'ipotesi più ruffiana, non sarete in pace con la vostra coscienza.

Come fare? Di seguito, alcune indicazioni sulle tattiche da usare per rispondere, in ordine crescente di difficoltà di suggerimento.

✔ Se a chiedervi un consiglio è uno sconosciuto: se si tratta di un turista giapponese che vi domanda se c'è un buon ristorante in zona, indicategli il più caro, se è come voi un cliente che si sta provando un cappotto in un negozio annuite sempre, tutti gli altri evitateli. O sono venditori travestiti che cercano di ammansirvi prima della stoccata oppure attori di una candid camera.

✔ Se a chiedervi un consiglio è un amico: se comincia con "c'è uno che conosco che si è innamorato della moglie di un suo amico" preoccupatevi, su tutto il resto cercate di rispondere con delle domande, in modo da condurre il soggetto a dichiarare da solo la sua soluzione.

✔ Se a chiedervi consiglio è un collega: tutto ciò che dichiarerete potrà essere usato contro di voi. Dunque niente idee brillanti da farsi sottrarre né fesserie troppo palesi.

✔ Se a chiedervi un consiglio è il vostro direttore: siate fumosissimi. Cercate di predisporre le parole in ordine casuale ma pomposo, in modo da fare grande impressione senza esprimere alcun concetto. La stessa tattica da riunione di lavoro, insomma.

✔ Se a chiedervi consiglio è vostro marito: rispondete sì o no a vostra sincera preferenza sull'argomento.

✔ Se a chiedervi consiglio è vostra moglie: dimenticatevi la normale diplomazia, la correttezza, e soprattutto la realtà. Proiettatevi in una dimensione parallela, pensate a quello che rispondereste se foste un marziano appena atterrato e dite l'esatto opposto. Se il consiglio riguarda i chili di troppo, lei non ne ha. Mai.

✔ Se a chiedervi consiglio è vostra suocera: campo minato. I tranelli sono dietro l'angolo. Restate sul vago, cercate di non personalizzare, schernitevi sempre dietro una maschera di estrema umiltà – tanto dell'incompetente ve lo darà comunque – e se possibile estraete dal cilindro qualche citazione. Non di vostro suocero.

✔ Se a chiedervi consiglio sono i vostri figli: questo lo mettiamo giusto per scrupolo, nella remotissima occasione in cui nessun coetaneo sia in zona, il telefono sia momentaneamente rotto, il cellulare senza ricarica, Internet intasata, il motorino bucato e gli autobus in sciopero. Se si tratta di abbigliamento, dovete farvi forza e scegliere il capo più trasandato tra i due (o venti) proposti. Forse avete qualche *chance* che, per spirito di contraddizione, non lo scelgano loro. Se si tratta di musica, ricacciatevi sia Boccherini che i Pink Floyd in gola e rassegnatevi a decidere tra Britney ed Eminem. Di cuore e di vizi non si tratterà mai, dunque tranquilli: per quel tipo di consiglio comunque aspettano quell'amico (amica? boh...) con il *piercing* sull'occhio e la testa mezza rasata.

Per non mandare tutto...
IN FUMO

L'argomento si presta a facili fraintendimenti. Ultimamente si sta scatenando anche in Italia una lotta senza quartiere tra fumatori e non, con divieti sempre più incalzanti, campagne pubblicitarie tese e cupe, promozioni della conoscenza dei problemi di salute che comporta il fumare e crescente acrimonia tra le frange estremiste di oltranzisti salutisti e nicotinomani incalliti. Dare indicazioni di comportamento in questo ambito è pertanto diventato una sorta di percorso a ostacoli in un campo disseminato di esplosivi. Se un tempo le buone maniere sulle sigarette riguardavano il fastidio che può arrecare l'odore di fumo e la nebbia che invade la stanza, imponendo quindi di chiedere il permesso prima di accendere qualunque brace da labbra, la maggior consapevolezza raggiunta sui danni del fumo passivo ha spostato la questione non sul come ma sul se. In diversi casi la cortesia consiste nell'autocensura, senza dover costringere l'altro a sgradevoli negazioni di permesso, o peggio a concessioni dovute all'imbarazzo o a un eccesso di disponibilità.

Ecco i casi in cui, assolutamente, non si dovrebbe fumare, senza nemmeno chiedere se la cosa dia noia a chi ci sta accanto:

✔ in presenza di donne incinte;

✔ in presenza di bambini: in questo caso non si tratta solo (solo!) di un problema di salute, ma anche di modello;

✔ in presenza di malati e allergici;

✔ durante i pasti;

✔ negli ascensori, nelle cabine, in automobile (d'altri), nei bagni (pietosissimo!);

✔ in tutti i luoghi pubblici chiusi, ad eccezione di quelli (pochi) esplicitamente riservati ai fumatori. Niente di più cafone che farsi beffe delle norme societarie sfoderando un'arrogante superiorità alle regole che la maggioranza ha stabilito. La persona civile ha rispetto delle leggi e della democrazia (e paga anche le tasse).

A parte quindi i casi sopraelencati, in cui non è ammessa nemmeno la richiesta, è sempre cortese domandare se il fumo dà fastidio prima di accendersi una bionda (o un cigarillo, o la pipa, o un sigaro, o altro non meglio specificato e forse nemmeno tanto legale) quando si sta per farlo in casa d'altri, quando si partecipa a una riunione, durante un'attesa prolungata. In generale, se siete ospiti e non notate posacenere nei paraggi è più cortese andare a fumare direttamente a una finestra o in giardino.

Più problematica la convivenza sul lavoro: sempre che non si tratti di luogo aperto al pubblico o utenti, quindi vietatissimo, è doveroso accordarsi con i colleghi sulle modalità di "consumazione". Se infatti per i nicotinomani è obiettivamente impossibile sopportare 8 ore senza fumo, è anche giusto non obbligare chi non fuma a farlo comunque. Assolutamente

out offrire sigarette prima di fumare: meglio aspettare che venga chiesta. Non è una scortesia, ma una forma di rispetto e un tacito accordo tra "consumatori".

Infine, vietatissimo gettare i mozziconi di sigarette. Gesto sgradevole e maleducato, è inoltre inquinante, visto che il filtro delle sigarette non si degrada facilmente, e incivile, considerato quanto insozza. Quei piccoli cassettini sul cruscotto dell'automobile non sono dei porta-deodorante, ma posacenere. Sfruttateli e svuotateli poi in un cestino della spazzatura (non sotto l'auto, per terra).

Detto questo, è bene che i non fumatori si dimostrino tolleranti: non saranno sicuramente le due o tre sigarette fumate dall'amica durante una chiacchierata (magari un'appassionata e nevrotica confessione di cuore) a irritare i vostri radicali liberi.

Tantomeno è carino assillare il prossimo, nonostante le migliori intenzioni, con suggerimenti e incitamenti a smettere. Se non si tratta di minorenni, si suppone che le persone siano pienamente consapevoli del danno fisico che stanno arrecando a se stesse. E senza contare che ci sono modi molto meno noti e più tollerati di farsi parecchio più male di quanto non possa qualche consolante sigaretta, ognuno dovrebbe essere libero di tracciare la propria sorte.

Biglietti DA VISITA

Per molti i biglietti da visita sono erroneamente considerati strumenti di lavoro, utili solo per i professionisti. In realtà poter offrire prontamente un proprio biglietto invece di frugare forsennatamente nella borsa alla ricerca della penna o di importunare ogni presente chiedendo un pezzo di carta per scrivere il proprio numero di telefono o messaggio da lasciare a qualcuno non è solo più elegante ma anche decisamente pratico. Una sobria presentazione scritta, utile in mille situazioni differenti, oltre naturalmente a quella "da ufficio": dal mandare fiori (non alla propria amata, per cui si auspica uno sforzo di confidenza e fantasia maggiore) al ringraziare per un invito, all'inviare un presente a una persona malata. Ovviamente non vanno usati per le persone care, gli amici per cui la confidenza è consolidata, ma sono efficientissimi in tutti gli altri casi.

Dovrebbero essere almeno di due tipi: uno professionale e uno privato. Uno cioè corredato con i recapiti telefonici, dell'ufficio e l'e-mail di lavoro, e naturalmente specificati titolo di studio e competenza, per gli appuntamenti di lavoro. L'altro, per un uso più familiare, può essere di due tipi: o solo con il nome e cognome, oppure con i numeri di telefono privati, indirizzo e posta elettronica di casa. Alcuni aggiungono anche un terzo tipo di biglietto, quello condiviso da marito e moglie con i nomi di entrambi.

Il tipo più elegante rimane quello più sobrio: scritta scura (nero, marrone antico, blu mare) su fondo chiaro (bianco, crema), senza le esuberanze pseudoartistiche a cui ultimamente sempre più in troppi indulgono. Se proprio proprio volete concedervi una decorazione, che sia discreta e dello stesso colore della scritta. In tempi di stampante laser dalla definizione quasi tipografica, la maggiore finezza si riconferma la scritta in rilievo (non un braille, anche se *politically correct*, però). Quando mandate un messaggio su o con un vostro biglietto, è usanza barrare il nome stampato con un rapido tratto di penna, quasi a rendere meno formale l'impressione del nome stampato. Abitudine tanto più svilita di significato quanto più diffusa, ma tant'è, cercate di non dimenticarvene. Se l'invio del biglietto non è strettamente formale, è bene aggiungere due parole di proprio pugno, e sicuramente firmarlo.

La mancia...
NIENTE IMBARAZZI

Nel nostro paese, la mancia non è un dovere, come invece capita per esempio negli Stati Uniti. Da noi, si tratta di un segno di cortesia nei confronti di persone che ci offrono un servizio, che per tale servizio sono già pagate secondo i termini contrattuali, ma che ci conquistano con la precisione e la dedizione che mettono nel compito che svolgono al punto da farci desiderare di premiarli.

Dunque è sempre buona educazione, se non siamo insoddisfatti del trattamento che abbiamo ricevuto, lasciare una gratificazione monetaria, un ringraziamento e magari anche un sorriso a chi ci ha prestato aiuto. In quali occasioni si dovrebbe lasciare la mancia?

- ✔ alla maschera che accompagna al posto, a teatro;
- ✔ al facchino che trasporta i nostri bagagli;
- ✔ al cameriere del ristorante;
- ✔ al personale di servizio dell'albergo o della casa in cui siamo stati ospiti;
- ✔ al tassista;
- ✔ al portinaio;
- ✔ al parrucchiere per gli aiutanti;
- ✔ al proprio personale di servizio saltuario.

Inutile dire che, come ogni passaggio di denaro, la mancia andrebbe lasciata con discrezione e rapidità. E soprattutto consistente. Ricordate che il personale di servizio di cui praticamente non vi accorgete (non perché non ripulisce la stanza) è quello più attento e preparato.

Un'ultima considerazione: ai collaboratori di casa che si prendono cura del vostro disordine è bene lasciare la mancia? In realtà, in questo caso, sarebbe buona abitudine corrispondere a fine anno una doverosa "tredicesima", oltre naturalmente a un piccolo regalo in occasione delle feste natalizie. Per questo, valgono le solite regole: inutile donare collane indonesiane alla signora che non ne fa uso o coloratissimi foulard di seta alla ragazza che si presenta sempre in jeans. Cercate, per quanto vi è possibile, di capire cosa potrebbe piacere. Di sicuro è estremamente meschino prima ancora che scortese impacchettare qualcosa di utile al lavoro (un grembiule, la divisa). Il discorso varia se ci si trova in vacanza all'estero. In alcuni paesi, infatti, la mancia non è un'aggiunta da parte vostra, bensì un obbligo, in quanto il servizio non è compreso nel prezzo.

La persona che lavora, nonostante sia assunta, in realtà è pagata direttamente da voi, a parte un piccolo salario sindacale corrisposto dal principale. Tenetelo sempre presente. Generalmente si suole aggiungere almeno il 10-15% di quanto stabilito sulla ricevuta, ma si tratta del minimo indispensabile. Senza contare che nei ristoranti spesso gli aiuto-camerieri vengono pagati con una parte delle mance degli stessi. Dunque siate sempre generosi. Eccezioni doverose: Giappone e Polinesia, dove camerieri e facchini potrebbero offendersi per il gesto.

Litigare, sì,
MA CON STILE

Quello di non arrabbiarsi mai è un lusso che davvero in pochi, e non necessariamente i più ricchi, possono concedersi. Se vi trovate nella spiacevole condizione di non riuscire a evitare una questione, cercate almeno di non trascendere. Alzare la voce, gesticolare forsennatamente e soprattutto assumere un atteggiamento fisicamente minaccioso non è semplicemente inelegante ma soprattutto incivile. L'aggressività con cui tutti noi dobbiamo imparare a fare i conti è necessaria, in certa misura, per sopravvivere. Ma abusarne porta solo male. Cercare di mantenere i toni pacati e la discussione entro le righe della buona educazione è una necessità prima ancora che una speranza.

Vietato ovviamente dire, ma anche pensare – anche perché il pensiero si trasmette perfettamente nell'atteggiamento – il classico "lei non sa chi sono io". Grossolano quanto inutile: nel nuovo medioevo televisivo in cui viviamo, se non siete immediatamente riconoscibili non siete nessuno.

In caso di litigio con uno sconosciuto:

✔ comporre civilmente un contrasto è la migliore soluzione per entrambi i contendenti, oltreché per il sistema giuridico nazionale già duramente in crisi;

✔ comportarsi in modo civile non significa non spiegare le proprie ragioni e sopportare in silenzio, ma nemmeno approfittarsi di una evidente superiorità logico-fisica;

✔ le volgarità non sono mai di tendenza;

✔ l'unico modo di trovare una soluzione è sforzarsi di individuare il punto di vista dell'altro;

✔ se proprio non sopportate il vostro interlocutore, fate subito la vostra telefonata all'avvocato. Prima di essere condotti al posto di polizia in manette.

In caso di scontro con il compagno/a:

✔ quello che di importante va in frantumi non sono le porcellane ma la serenità e la sicurezza interiore dei figli;

✔ si discute sul presente. Non vale estrarre antichi dissapori;

✔ i colpi bassi sono armi a doppio taglio. Soprattutto nelle mani degli uomini;

✔ non è l'ultima parola, ma l'ultima azione a stabilire la vittoria definitiva;

✔ attenzione alle ritorsioni femminili a lungo termine.

In caso di discussione con i propri figli:

✔ gli adolescenti sono tutti tendenzialmente anarchici. Inutile tentare di imporre la propria patria potestà. Meglio usare il ricatto;

✔ se sperate di coltivarvi un utile ascendente su un diciassettenne, non giocatevelo alzando la voce. Quando non ne potete più chiudetevi in bagno con un cuscino e polverizzatelo in silenzio;

✔ litigate in privato. Di fronte ai suoi amici, non la spunterete mai;

✔ infine la vendetta: assolutamente inelegante, incondizionatamente voluttuosa. Tutto quello che ci si può concedere per riuscire a godere senza cadute di stile è una silenziosa dimenticanza della persona odiosa. I bambini insegnano che non c'è nulla di peggio che essere ignorati. Del resto, come dice il vecchio proverbio cinese, siediti sulla riva del fiume e aspetta. Prima o poi vedrai passare il cadavere del tuo nemico.

Soldi e SAVOIR-FAIRE

Qui si pone un dilemma etico: seguire i dettami della buona educazione, che imporrebbe la massima discrezione sull'argomento denaro, o fare i conti con il tempo in cui viviamo, in cui apparenza e "sostanza" si coniugano solo nei soldi? Con poca eleganza ma maggior coerenza affronteremo il discorso, vedendoci costretti a non poter ignorare ciò che la nostra società considera – più o meno esplicitamente, a seconda del grado di ipocrisia – il vero succo della vita.

Dunque, il grande assente dai discorsi di poveri e ricchi in tempi passati è ora il grande protagonista della vita di tutti, più o meno posseduto, più o meno desiderato. Di certo molto esibito, cosa di cui non si esprime mai sufficiente rammarico. Proprio dal maggiore o minore grado di esibizione è possibile determinare la lunga abitudine al medesimo. Inutile negare, il denaro è indispensabile. Ma farne uno strumento di distinzione serve solo agli arricchiti a illudersi di scavare un fossato con il loro passato, quando ne avevano disperatamente desiderio. Il denaro è uno strumento, utile per acquistare quello che serve per vivere. In cosa consista esattamente "quello che serve" varia ampiamente. I più confusi se lo lasciano insegnare dalle mode. I più fortunati lo sanno trovare da sé.

Ricordatevi che:

✔ la prodigalità non mette affatto al riparo dall'avarizia sentimentale;

✔ i soldi possono, a volte, comprare un po' d'amore, almeno quello materiale, ma non fanno le persone migliori;

✔ sottolineare il prezzo di qualcosa che si possiede non ne aumenta il valore;

✔ il mito della nobile canaglia indebitata ma elegante lasciatelo ai film: la puntualità verso i fornitori è un dovere;

✔ chiedere il prezzo non è cafone, è concreto. Indignarsene silenziosamente, legittimo. Lamentarsene dopo, noiosamente inutile;

✔ le contrattazioni al ribasso sono una tradizione in alcuni paesi. L'Italia non è tra questi;

✔ dimenticare il portafogli capita a chiunque. Dimenticarsi di scusarsene, ai maleducati;

✔ piuttosto che lasciare pochi centesimi di mancia, è meglio non lasciare nulla;

✔ cercate di capire prima di esservi sfiniti di lavoro e in zona pensionabile, se quello che fate è davvero ciò che volete. Anche se lo stipendio è ottimo;

✔ giudicare in base alla quantità – di denaro, di intelligenza, di sensibilità, di bellezza – significa avere un rapporto ragionieristico con la vita. Meglio godere che contare;

✔ avere non significa essere. Stranoto, ma mai abbastanza compreso.

In caso di

PRESTITI

Se è quantomeno doveroso e responsabile aver cura dei propri possedimenti, è indispensabile e sacro rispettare quelli altrui che ci vengono temporaneamente dati in uso. È bene innanzitutto ricordare che non andrebbe mai chiesto nulla in prestito, poiché è difficile capire cosa sia particolarmente caro a chicchessia, al punto da trovare fastidioso separarsene. Se però il prestito viene offerto, e si desidera accettare, è importante non approfittarsene. Restituire il prestito entro breve tempo è la prima regola, a cui segue immediatamente quella di trattare con cura estrema l'oggetto altrui.

La cosa che più frequentemente accade di prendere in prestito, anche da biblioteche pubbliche, è un libro. Sia che provenga da un deposito comune, sia che il possessore sia un nostro amico, il libro andrà utilizzato cercando di stropicciarlo il meno possibile, magari ricoprendolo con della plastica per non rovinarlo, non piegandone le pagine per ricordarsi dove si era giunti a leggere (le famose "orecchie") e mai, mai segnandolo, né a penna né a matita (men che meno con quegli orrendi pennarelli evidenziatori). I termini di restituzione vanno assolutamente rispettati. Se vedete che il libro non vi piace o faticate a finirlo, siate onesti con voi stessi e rendetelo. Naturalmente è vietatissimo "subaffittare" il prestito a terze persone, anche se fidatissime.

Nella malaugurata occasione in cui si dovesse rovinare un oggetto in prestito, avremo cura di acquistarne uno identico in sostituzione, presentando le nostre scuse e un piccolo dono in aggiunta.

Se il prestito consisteva in un abito – magari per una cerimonia particolare – inutile dire che va restituito dopo essere passato in tintoria. L'automobile va resa invece con il pieno di benzina, in ogni caso.

Infine, chiedere in prestito un uovo alla vicina di casa perché ci si accorge che sono finiti quanto ormai si è a metà dell'impasto può capitare una, due volte al massimo. Ridicolo ovviamente rendere l'uovo; meglio piuttosto offrire una fetta della torta che si è preparata con l'ingrediente integrato tanto cortesemente.

E ora...

ALLA PROVA

Le regole che seguiranno in questa seconda parte altro non sono che uno sviluppo dei "fondamentali", messi alla prova in diversi casi pratici in cui ci si può venire a trovare. Vogliono essere degli spunti di riflessione – impossibile mandare a memoria tutte le regole! – utili a interiorizzare un tipo di atteggiamento che alla fine dovrebbe venire spontaneo. Perché dietro ogni regola esiste una motivazione, una causa che suggerisce un determinato comportamento. Riuscire a comprendere questo meccanismo permette di saperlo adattare a ogni situazione, anche in quelle più impensabili che magari non sono contemplate nei manuali di buona educazione.

A conclusione della prima parte, e a introduzione della seconda, dunque, riassumiamo due principi fondamentali, da ricordare sempre.

Naturalezza e misura

Ovvero è più importante non mostrarsi impacciati che rispettare alla perfezione tutte le regole dettate dal galateo. Un errore di comportamento non vale quanto la capacità di saperlo gestire senza imbarazzo, uno scivolone nell'atteggiamento può passare inosservato più che un impeccabile ma meccanico e nervoso sfoggio di bei modi.

Ogni gesto poi deve evitare il più possibile l'eccesso. No alla voce troppo alta, alle scollature troppo profonde, ai saluti troppo sbandierati. No agli addobbi eccessivi, alle vacanze troppo modaiole, perfino ai regali fuori misura.

Regolarsi non è facile. Si tratta di una conquista faticosa che parte da dentro e che ci permette di possedere un equilibrio costante, fatto di quella sicurezza di sé che non rende necessario "dimostrare" nulla. Gran parte della goffaggine e della mancanza di buona educazione partono, oltreché dalla mancanza di attenzione e dall'incapacità di mettersi nei panni altrui, dall'insicurezza personale rispetto alla situazione che si sta affrontando.

Forse, ricordare che siamo tutti esseri umani può aiutare.

Le regole

A TAVOLA

La tavola sembra essere il terreno di verifica per eccellenza della persona beneducata. Effettivamente in questa occasione si consumano le più grossolane brutte figure. Forse a causa della inevitabile maggiore frequenza al desco, o forse perché il bon ton tradizionale qui mette a dura prova l'abilità manuale di ognuno di noi, richiedendo sforzi di eleganza spesso poco coerenti con la praticità, è più facile cadere davanti a un piatto che in altre situazioni. Un esempio per tutti: la frutta. Secondo il cerimoniale aulico, esiste una procedura complicata che prevede in molti casi di non usare le mani per sbucciare la frutta, bensì solo forchetta e coltello – per fare tirocinio è necessario un corso da un prestidigitatore o da un biscazziere. Simili pratiche di sublime raffinatezza, che però obiettivamente aiutano parecchio a complicare l'esistenza, sono consigliabili solo in caso di contiguità con i regnanti europei. In tutte le altre occasioni ormai nessuno ha più da ridire – a parte qualche vecchio nostalgico dello spadino e della crinolina – se per denudare un'arancia si useranno le mani. Spesso un gesto semplice e discreto può essere più elegante di una difficoltosa estrazione con le posate.

✔ Ci si siede con entrambe le gambe sotto il tavolo (non avvitati a spirale con le caviglie fuori asse, tipo pantera pronta a scattare), la schiena dritta, senza calate barbare del viso verso il piatto. È il cibo che dal tavolo raggiunge la bocca, non il contrario. Il decollo lasciamolo ai velivoli, noi limitiamoci a raccogliere i gomiti vicino al corpo. Il segreto per tagliare il cibo senza sfoderare un'apertura da airone sta nel modo in cui si impugna il coltello, e nel muovere solo il polso invece di tutto l'arto. Cercate di fare pratica quotidiana, in modo da non sembrare ingessati come una zitella puntuta, ma nemmeno goffi e smodati. Infine, se i gomiti non si appoggiano sulla tavola, le mani non devono mai scomparire dalla vista. Almeno in Italia.

✔ Da tavola non ci si alza fino a che tutti non hanno finito. Se siete voi i padroni di casa, fate in modo che tutto sia a portata di mano prima di sedervi, su un tavolo d'appoggio.

✔ È ancora necessario ricordare che non si tiene il cellulare acceso? Se qualcuno telefona al fisso, chiudete rapidamente la comunicazione spiegando che siete a tavola e che richiamerete una volta terminato.

✔ Non si giocherella con le posate né con il cibo. Quindi non sbriciolate i grissini né sminuzzate il pane.

✔ Il tovagliolo si appoggia sulle ginocchia. Niente trasmigrazioni al collo, neanche in caso di condimenti pericolosi. Anche se negli Stati Uniti le aragoste sono accompagnate da un (orribile) bavaglino per non sporcarsi, simili regressioni vanno evitate.

✔ Prima e dopo aver bevuto ci si pulisce la bocca con il tovagliolo, per rimuovere tracce sul bicchiere (prima) e sui baffi (dopo).

✔ Si comincia a usare le posate dall'esterno verso l'interno. Il bicchiere più grande è per l'acqua, quello più piccolo per il vino, quello alto per lo champagne.

✔ Servirsi con moderazione. Meglio prendere una seconda volta dal vassoio di portata che svuotarlo subito nel proprio piatto.

✔ Non parlare a bocca piena. Fare piccoli bocconi, sia per non apparire goffi nel masticare, sia per poter conversare agevolmente senza lasciare lunghe *suspance* prima della risposta, in attesa di aver deglutito.

✔ Evitare rumori molesti. Evitare anche di sforchettare eccessivamente sul piatto.

✔ Se rovesciate vino, o sugo, o qualunque altra cosa, chiedete scusa una volta sola senza fare troppe cerimonie né confusione maggiore. Se necessario, sarà la padrona di casa ad alzarsi per rimediare.

✔ La scarpetta non si fa. Alla faccia di qualunque pubblicità, vietatissima è. Se proprio ve la potete concedere, in situazioni di estrema familiarità e allegria casereccia, peccate fino in fondo e usate le mani. Di più rozzo c'è solo la pretesa eleganza di infilzare il pane con la forchetta.

✔ A tavola non ci si toccano i capelli. I tricotillomani sono dunque avvisati.

✔ Una volta terminato, le posate vanno sistemate in verticale sul piatto, con i manici verso di voi, la forchetta con le punte verso l'alto, la lama del coltello girata verso la forchetta. Il tovagliolo non si ripiega ma si appoggia sul tavolo a sinistra del piatto.

✔ Dimenticate lo stecchino. Sciagurata abitudine di alcuni – pochi ormai – ristoranti di lasciarli sulla tavola, non sono assolutamente ammessi. E non pensiate che coprirsi con la mano renda meno sgradevoli agli occhi degli altri. Allo stesso modo sono banditi risucchi e movimenti per "ripulirsi". A fine pasto basta andare in bagno a lavarsi i denti.

✔ Non si fuma a tavola prima del caffè. E comunque mai senza aver prima chiesto ai presenti il permesso. Se siete voi i padroni di casa, cercate di preparare cibi che evitino eccessive difficoltà ai vostri invitati; se siete ospiti e vi trovate di fronte a un cibo troppo complesso per le vostre abitudini, potete sempre considerare l'ipotesi di astenervi. In generale cercate di non comportarvi come se quella fosse la vostra ultima occasione di mangiare, e che la continenza del gesto sia con voi.

Regole d'oro per appuntamenti brillanti

Se siete invitati a una cena speciale in una casa particolarmente raffinata, ricordatevi alcune piccole regole in aggiunta:

☞ ci si siede sempre solo dopo la padrona di casa e si comincia a mangiare dopo di lei;

☞ non si parla al cameriere (evitate farse democratiche);

☞ quando non si desidera qualcosa rispondere con un rapido "No grazie", senza gesticolare;

☞ lasciare sempre qualcosa nel piatto da portata. Abitudine che deriva dall'antica usanza per cui la servitù mangiava in cucina dopo aver lavorato; anche se ormai inutile, è una regola da rispettare.

Esiste poi un modo piuttosto preciso di usare le stoviglie a tavola. Le posate non vanno impugnate come armi, ma tenute all'estremità del manico con delicatezza, tra pollice, indice e medio. Non si gesticola con le posate in mano. Il coltello va usato solo se indispensabile. Quando si taglia, l'indice non deve scendere fino alla lama, ma fermarsi al manico. Se la saliera è aperta, non si deve mai prendere il sale con la punta del coltello. La forchetta si usa con le punte in basso quando è nella mano sinistra (per infilzare), con le punte in alto se nella destra (per raccogliere). Ovviamente la regola è rovesciata in caso di persona mancina. Il cucchiaio non si introduce in bocca, ma si accosta lateralmente alle labbra per sorseggiare silenziosamente il brodo. Se si tratta di minestra con crostini o verdure abbastanza asciutta si inserisce dalla punta, a piccoli bocconi. Non si soffia sulle minestre. Il bicchiere infine non va mai riempito tutto, ma solo per tre quarti. Il vino non si allunga con l'acqua e i calici vanno impugnati dallo stelo (gli intenditori usano addirittura prenderli dalla base. Sostanzialmente è importante non scaldare il contenuto, tranne in rari casi). I piatti non si svuotano mai dagli scarti sulla tavola, così come non si raccolgono in presenza di ospiti gli avanzi dai piatti di portata: meglio svolgere queste operazioni più discretamente in cucina.

Trappola cibo

Di seguito, ecco alcuni piatti di dubbia gestione con suggerimenti di corrette modalità.

✔ Burro: si serve solo a pranzo, su un piattino con coltellino apposta, sistemati a sinistra in alto del piatto. Non si spalma, ma se ne appoggia un pezzetto sul pane.

✔ Pinzimonio: con le dita, possibilmente senza immergerle nel condimento.

✔ Salmone affumicato: con la forchetta, senza adagiarlo sul pane imburrato.

✔ Caviale: si mangia con le posate senza spalmarlo sui crostini imburrati che lo accompagnano.

✔ Pâté: non si spalma.

✔ Ostriche: si estraggono con l'apposita forchettina a tre punte dalla conchiglia che si tiene con l'altra mano.

✔ Brodo e consommé: se in tazza, sorseggiare lentamente. Se in piatto, muovere il cucchiaio dall'esterno verso il centro del tavolo. E siate silenziosi.

✔ Spaghetti: si arrotolano sulla forchetta, senza usare il cucchiaio.

✔ Risotto: non si spiattella per farlo raffreddare.

✔ Aragoste e gamberi: niente coltello. Con amici particolarmente intimi è concesso afferrare le chele con le dita.

✔ Frutti di mare: tenere il guscio con le dita ed estrarli con la forchetta.

✔ Frittata e uova: mai con il coltello.

✔ Pesce: il coltello da pesce non è facoltativo. L'unica alternativa ammessa, per partirlo, è la forchetta.

✔ Pollo: niente dita!

✔ Asparagi: da spezzare con la forchetta (mai il coltello) o da prendere delicatamente con le dita.

✔ Insalata: si usa solo la forchetta.

✔ Ciliegie: si mettono in bocca intere e si posa il nocciolo nella mano chiusa per appoggiarlo sul piatto.

✔ Fichi: si tagliano in quattro spicchi e si mangia la polpa con la forchetta. I fichi secchi si mangiano con le mani.

✔ Cachi (diosperi): si mangiano con il cucchiaio, mentre si tiene il frutto con due dita.

✔ Anguria (cocomero): i semi si tolgono con la forchetta. Si taglia poi con il coltello e si porta alla bocca con le mani.

✔ Albicocca: non si sbuccia.

✔ Banana: si incide la buccia con il coltello per la lunghezza, si taglia in fettine che si prendono con la forchetta.

✔ Uva: da un piccolo grappolo che si tiene in mano si staccano gli acini uno per volta con le dita (non si cala dall'alto il grappolo alla maniera degli antichi). Guai a sputare bucce e semini sul piatto.

✔ Torta: non si taglia con il coltello.

✔ Pasticcini: vanno presi dal vassoio insieme alla carta che li contiene.

Come si apparecchia

Una tavola gradevole agli occhi è più apprezzata anche dalla gola. Anche se non siete cuochi eccelsi, una apparecchiatura perfetta renderà più piacevole il pasto e più accogliente l'atmosfera. Il tono e lo stile dell'apparecchiatura variano a seconda della maggiore o minore informalità che volete concedere all'incontro: coloratissimo, con segnaposti in paglia e un vasetto di fiorellini di campo; bitonale con stuoli di argenterie e cristalli in grande spolvero e un centrotavola di gardenie; orientale, con legni e ceramiche confezionate a mano, e una composizione ikebana a guarnire, e così via. Si comincia dalla tovaglia, sempre impeccabilmente pulita e stirata, il cui colore condizionerà il resto dell'apparecchiatura. Vanno coordinati infatti i piatti, gli eventuali sottopiatti e possibilmente il centrotavola. Attenzione: coordinato non significa mimetizzato. Il tovagliolo va posato accanto al piatto a destra, le forchette a sinistra, coltello e cucchiaio ancora a destra, la lama del coltello verso il piatto, e sopra al piatto, perpendicolarmente, le posate da frutta e dolce. I bicchieri vanno in alto leggermente a destra. Vini, e magari anche acqua, sempre in brocca. Il centrotavola dovrebbe sempre esserci, meglio se di fiori freschi, mai troppo alto in modo da non impedire la conversazione tra i commensali. Il pane in un piattino in alto a sinistra del piatto o in un cestino unico, a seconda dello stile della serata. Le candele, da sole o su opulenti candelabri o in qualche altra originale soluzione, regalano un'atmosfera complice, intima ed elegante allo stesso tempo che non andrebbe mai dimenticata. I segnaposto sono utili in caso di appuntamenti affollati, per evitare confusioni, ma possono essere una graziosa decorazione anche in caso di conviti ristretti (non sotto le sei persone, però). Un tempo esisteva l'abitudine di portare coppette lavadita per ognuno degli invitati – in alto a sinistra al posto del piattino del pane, che va sempre tolto prima del dolce –, un dettame di cui non si sente più la necessità.

I bicchieri

Il bicchiere ricopre un ruolo del tutto particolare tra le stoviglie domestiche. È davanti a un "buon bicchiere" che l'atmosfera si rilassa e diventa più confidenziale, è "qualcosa da bere" ciò che si offre inizialmente quando ci si conosce. Non è un caso che negli uffici più prestigiosi sia sempre presente una piccola fornitura di liquori. I bicchieri sono suddivisi secondo categorie piuttosto precise. La prima grande distinzione viene fatta tra i bicchieri a stelo, più classici e formali, e quelli senza stelo. Entrambi esistono in varie forme, colori e materiali: a ogni modo, il calice di cristallo trasparente rimane il più indicato per la degustazione di vini, di cui è necessario poter apprezzare sapore, odore e colore. I bicchieri senza stelo hanno ormai raggiunto stili e qualità raffinati al punto da poter apparire, per l'acqua e le bibite, accanto ai calici nelle tavole più creative.

☞ Flûte. Calice allungato, ideale per lo champagne perché consente alle sue bollicine di salire lentamente in superficie. Ideale per gli aperitivi in genere.

☞ Calice da vino bianco. Gambo lungo e sottile, piede piccolo, calice alto e meno panciuto.

☞ Calice da vino rosso. Ha il calice più panciuto e aperto.

☞ Ballon. Piede largo, coppa molto grande e panciuta che si chiude leggermente in alto. Perfetto per le degustazioni, perché permette il movimento circolare che sprigiona gli aromi del vino. Ideale per i rossi preziosi.

☞ Coppa. Stelo medio e apertura larghissima, poco profondo, generalmente usato in alternativa al flûte per gli spumanti e lo champagne.

☞ Bicchierini da grappa. Possono essere con o senza stelo, ma sempre di dimensioni ridotte.

☞ Napoleon. Bicchiere con lo stelo corto e il calice molto panciuto, piacevole da stringere nel palmo per scaldarne il contenuto, che generalmente è cognac.

☞ Daisy. Bicchiere da rhum.

☞ Bicchieri da vodka. Sono stretti cilindri di vetro robusto, poiché vanno tenuti in freezer per consentire un consumo ghiacciato della bevanda.

☞ Tumbler. Bicchiere da whisky; è senza stelo, in due versioni, o alta o bassa e larga, quadrato o rotondo.

La disposizione delle persone attorno al tavolo, se la serata non è particolarmente informale, è generalmente avviata ai due capi del tavolo, a cui siedono i padroni di casa. Alla destra di entrambi, l'invitato – uomo per lei, donna per lui – più anziano o d'onore. Anche la sinistra, naturalmente, è un posto speciale, e di lì via via gli altri commensali andranno sistemati alternati tra uomini e donne in modo da armonizzare la conversazione, avendo cura di separare i coniugi ma non i fidanzati.

Se a servire a tavola sarà una persona chiamata per l'occasione, ricordare che si serve da destra e si ritira da sinistra, che non si comincia a togliere i piatti sporchi fino a che l'ultimo non avrà terminato e che vanno servite innanzitutto le signore – dalla prima alla destra del padrone di casa in poi – per passare quindi agli uomini, dall'ospite d'onore al padrone di casa appunto.

Il caffè va servito lontano dalla tavola, in giardino o in salotto. Le tazzine non sono mai già pronte, ma vengono riempite davanti agli ospiti, che avranno sempre a disposizione zucchero e latte.

Come presentare

Ogni cibo ha un suo codice di organizzazione sui piatti di portata. Lasciando il doveroso spazio alla creatività di ognuno, diamo alcune indicazioni di massima su come disporre i cibi per la loro comparsa sul desco.

✔ Gli antipasti vengono portati su grandi piatti, fatta eccezione delle insalate che possono essere servite in ciotole singole. Si servono nell'ordine salumi, verdure, antipasti di pesce.

✔ Il caviale deve essere proposto sempre piuttosto freddo. Per questo si usa presentarlo in una coppa doppia, una più grande che contiene in ghiaccio, su cui è sistemata quella più piccola con appunto il caviale. Ai commensali saranno serviti crostini, burro e limone a fettine.

✔ I frutti di mare crudi vanno serviti adagiati direttamente su un letto di ghiaccio, con un piattino di fette di limone.

✔ Pasta e risotto si possono servire già sporzionati nei piatti o portati in tavola in contenitori appositi da servizio. L'uso familiare ha imposto ormai il piatto fondo anche nelle serate più eleganti: in realtà il piatto dovrebbe essere sempre piano, anche per i primi.

✔ Le zuppe e i brodi si portano in tavola nella zuppiera appunto, serviti nei piatti fondi o nelle apposite tazze da consommé. Eventuali crostini si offrono a parte.

✔ Carni e pesci interi vanno presentati interi e sporzionati a tavola. Eventuali sughi li accompagnano a parte in una salsiera dotata di cucchiaino. I contorni sono serviti su vassoi a parte.

✔ I formaggi vanno sempre serviti senza incarto, in buon assortimento.

✔ Prima di servire il dessert è utile liberare il tavolo da ciò che non è più necessario e portare il vino adatto. Se si tratta di una torta, portarla intera per farla ammirare, visto che generalmente i pasticceri - anche quelli "casalinghi" – prestano particolare attenzione alla decorazione. Dolci al cucchiaio e macedonia vanno portati già serviti in coppette; la macedonia può essere distribuita in tavola se la presentazione è particolarmente appariscente.

Rituali per ogni
OCCASIONE

Di seguito vi proponiamo i principali appuntamenti cui si può essere invitati, con alcune indicazioni su come accogliere e come comportarsi da ospiti perfetti.

Brunch

Abitudine anglosassone ormai diffusa anche nel nostro paese, il brunch è, come spiega la parola (fusione di *breakfast* e *lunch*), un appuntamento in tarda mattinata per i dormiglioni che hanno fatto tardi la sera precedente. Si svolge da mezzogiorno in poi, la domenica – si presume che per le persone che hanno normali impegni settimanali sia il sabato la serata in cui fare tardi e la domenica quella in cui poter dimenticare gli orari ferrei –, attorno a ricchissimi buffet dove vengono serviti dolci e salati insieme. Basati sulla tradizionale colazione anglosassone, con l'aggiunta dei cibi abituali di un pranzo, questi appuntamenti prevedono uova e salsicce, bacon fritto, pane tostato, formaggi, caffè e latte, spremute, torte salate, pesce, tartine con burro e marmellata, pancakes con succo d'acero. Le variazioni su tema sono le benvenute, devono però aggiungersi ma mai sostituirsi agli elementi base sopracitati. È un appuntamento informale, dunque niente eccessi di eleganza nel vestire, anche se non va sottovalutato.

Pranzo
Definito anche "colazione" dalle persone che amano distinguersi, il pranzo è un momento di incontro che, a differenza della cena, tiene conto del fatto che gli invitati devono rimanere in piedi per il resto della giornata. Dunque ricordatevi di non servire pietanze particolarmente pesanti e scegliere solo vini leggeri. Il tono, anche se ci si siede attorno a un tavolo anziché servirsi a buffet, sarà inevitabilmente meno formale rispetto a una cena: non è necessario rinunciare alle cristallerie, ma è evidente che per esempio le candele non troveranno senso su una tavola inondata di luce solare. A parte queste brevi osservazioni, le regole sono le medesime di ogni convito: apparecchiatura, menù, disposizione delle persone, conversazione, servizio devono essere impeccabili. Gli ospiti vanno tollerati fino a che non scelgano spontaneamente di andarsene. Non è buona educazione levare le tende troppo tardi, ma nemmeno appena finito di mangiare; se proprio non ne potete più, vi è concesso salutare una mezzoretta dopo il caffè.

Pranzo in piedi
Si tratta di un tipo di appuntamento piuttosto informale, in cui vengono proposti diversi tipi di piatti, almeno un paio per portata, disposti sulla tavola, dove saranno anche a disposizione piatti e bicchieri, tovaglioli e posateria. La padrona di casa si assicurerà che tutte le persone, una volta servitesi, abbiano un posto dove sedersi, sparpagliate tra il divano, l'eventuale giardino o terrazzo, il tavolo d'appoggio e così via. Importante è tenere presente che il cibo deve essere "maneggevole", dunque niente

carni da tagliare con il coltello, pesce da sgusciare e così via. Gli ospiti devono ricordare che sono tenuti alle regole della buona educazione, che non devono sporcare in giro né abbandonare piatti e bicchieri ovunque, ma riportarli al tavolo principale.

Tè

Anche se da noi non è un sacro rito di ogni famiglia come in Inghilterra o più ancora in Giappone – o forse proprio per questo –, l'appuntamento per il tè gode comunque di un fascino molto particolare. Un tempo riservato soprattutto alle signore della buona borghesia, si è allargato a ogni fascia sociale, nonostante il pomeriggio la stragrande maggioranza degli adulti sia ancora impegnata con il proprio lavoro. In realtà il successo del tè pomeridiano si deve alla relativa facilità con cui si può organizzare, fornendo un'occasione di incontro piacevole e rilassata. Senza voler propinare norme di consumazione troppo distanti dalle nostre, esistono comunque alcuni suggerimenti utili per rendere particolarmente gustoso questo momento.

La cerimonia del tè

☞ L'acqua del tè non deve arrivare all'ebollizione, ma va tolta dal fuoco appena fanno la loro comparsa le bollicine più piccole.

☞ La teiera, rigorosamente in terracotta o porcellana, va scaldata in anticipo colmandola con acqua calda del rubinetto, quindi svuotata e riempita con l'acqua fatta scaldare sul fuoco.

☞ Il tè non deve essere in bustina. Sono necessari un cucchiaino a tazza più uno per la teiera.

☞ I veri cultori della bevanda non aggiungono nulla di più: ma la stragrande maggioranza delle persone preferisce piccole correzioni. Dunque offrite sempre anche fette di limone (senza semi) o latte da aggiungere alla tazza. Se scegliete miscele particolarmente aromatiche, però, non è necessario.

☞ Meglio avere a disposizione, oltre allo zucchero bianco, anche quello di canna, generalmente più indicato.

☞ Esiste una precisa pasticceria da tè, generalmente biscotti al burro e cioccolato, e torte casalinghe.

☞ Se tra i vostri invitati c'è qualcuno che non gradisce il tè, siate pronte a offrire anche un ottimo caffè.

☞ Se è estate potete ripiegare su tè freddo, limonata o karkadé; quest'ultimo va servito con una fetta d'arancia e zuccherato solo con miele. Nessuna di queste bevande va offerta in tazza, bensì negli appositi bicchieri alti.

Aperitivo

Solitamente il rito dell'aperitivo si consuma nei locali pubblici; resiste però ancora in qualche caso l'abitudine a organizzarne in casa. Se si svolge più o meno alla stessa ora del cocktail (18.00-21.00), prevede comunque meno persone e meno "forma". Si serve man mano che arrivano gli ospiti e non dura mai troppo, per non costringere i padroni di casa a invitare per cena i presenti.

Cocktail

Mondanissimo. Essere invitati o dare un cocktail è qualcosa di gustosamente metropolitano e internazionalmente festaiolo. Le alterne fortune di questo appuntamento serale sono strettamente legate alla forte connotazione modaiola che possiede; ciononostante, i suoi alti e bassi non ne alterano la caratteristica principale di assembramento chiacchiericcio ad alta concentrazione di persone. Non è un vero cocktail infatti se le persone non intervengono numerose. Si svolge generalmente tra le 18.00 e le 21.00, anche se l'orario può variare parecchio a seconda delle stagioni.

Gli inviti, stampati o diramati per telefono (se sotto le venti persone), devono specificare che si tratta di un cocktail e non di una cena, in modo da consentire agli ospiti di regolarsi. I cocktail sono infatti le uniche occasioni in cui è consentito portare con sé un'altra persona, naturalmente avvisando preventivamente il padrone di casa e avendo l'accortezza di non imporre una persona particolarmente sgradita.

✔ La musica deve essere diffusa ma non assordante, in modo da consentire una comoda conversazione.

✔ Il cibo da servire consiste in spuntini gustosi, tartine, vol-au-vent e altre cose facili da consumare in piedi.

✔ Da bere vino bianco e drink; se c'è un cameriere, potrà girare offrendo su un vassoio bicchieri già pronti.

✔ Le persone da invitare non devono mai superare la capienza della casa. Un cocktail deserto è triste, ma uno troppo affollato è scomodo.

✔ Solo gli amici più stretti sono i benvenuti a intrattenersi fino a tardi. Tutti gli altri salutino entro un orario consono. Generalmente un cocktail non dura più di un paio d'ore.

✔ Chi si trattiene oltre le undici di sera si vedrà offrire un primo rapido ma gustoso, sempre in piedi se gli invitati sono ancora numerosi, attorno al tavolo anche senza apparecchiatura classica se in pochi intimi.

✔ L'abbigliamento femminile sarà quello da mezza sera, dunque non in lungo ma nemmeno niente di sportivo. Per gli uomini l'ideale è un abito scuro o uno spezzato elegante.

✔ Gli invitati intervenuti rinnoveranno i ringraziamenti il giorno seguente, con una telefonata o inviando dei fiori.

Barbecue

Grande passione degli americani, che organizzano pranzi e cene a base di cibo alla griglia sia per ricorrenze familiari che per occasioni più impegnative, il barbecue è un appuntamento dalle modalità molto amichevoli. Si svolge per ovvi motivi o in giardino o in terrazza, e può essere di carne, di pesce e/o di verdura. L'atmosfera confidenziale consente una partecipazione particolarmente attiva degli ospiti, che possono aiutare addirittura a cuocere il cibo. È una delle poche occasioni in cui tovaglioli e piatti di carta (non di plastica, e possibilmente colorati) sono ammessi sulla tavola. Se avete dei vicini di casa, assicuratevi che il fumo non dia loro fastidio arrivando direttamente dentro le loro finestre. Nel caso, meglio invitarli a unirsi alla festicciola.

Cena

Il più classico degli appuntamenti, per cui è prevista la più formale delle presentazioni. Naturalmente le variabili passano per il maggiore o minore grado di confidenza degli invitati, ma in generale è con una cena che si deve saper sfoderare il massimo dello stile. Questo riguarda sia il menù che l'apparecchiatura. In risposta, gli invitati si presenteranno nella loro *mise* migliore, le signore in abito da sera, i signori in abito scuro.

Dopocena

Se la cena è un appuntamento piuttosto ben regolamentato, l'invito per un dopocena è tra quanto di più informale sia previsto nella gamma delle occasioni di incontro. È generalmente rivolto a un gruppo ristretto di persone che si ritrovano per discorrere in gradevole compagnia, a cui i padroni di casa si premureranno di offrire un caffè, un distillato o comunque una bevanda alcolica accompagnati da cioccolatini o da qualche piccolo dolce di pasticceria. D'estate una buona variante può essere costituita da granite e gelati acquistati nella sorbetteria di fiducia. Gli invitati saranno tutti riuniti alla medesima ora: è estremamente maleducato chiedere ad alcuni di unirsi per un caffè a una compagnia che ha appena cenato insieme.

Serata di gala

Si tratta di un ricevimento particolarmente sfarzoso, che avviene in circostanze precise, come un festeggiamento, un ospite illustre, una premiazione e così via. Si svolge dopo cena e prevede una *mise* rigorosamente da sera: smoking per lui (generalmente specificato nell'invito con la definizione "cravatta nera"), abito da sera per lei, senza cappello ma con acconciatura.

S.O.S.
FIDANZAMENTO

Se è passato di moda il matrimonio, figuriamoci il fidanzamento. Lo conferma il fatto che la parola fidanzato si usa ormai con uno sproposito impressionante e non più per quello che realmente significa. Eppure ancora qualche adorabile romanticone che si presenta dalla sua bella con un anello a domandarle di sposarlo esiste ancora.

Per evitare situazioni imbarazzanti, è bene che le famiglie si conoscano prima della festa di fidanzamento ufficiale, la sera a cena o per pranzo. Anche al momento del fidanzamento, se i genitori sono divorziati metteranno da parte i propri dissapori e si presenteranno senza i nuovi compagni, anche se sposati.

Detto questo, per donare un anello non è necessario circondarsi di parenti consenzienti e ficcanaso. Può essere un momento dolcissimo da gustare in due, magari durante una cena a lume di candela, o per un'occasione speciale.

Concedete comunque al momento tutta la solennità e il romanticismo necessari, senza falsi pudori. Anche nella femminista più accesa, in fondo al cuore sopravvive una piccola principessa dalle scarpine di cristallo.

L'anello può essere di ogni genere e tipo, anche se tradizione vorrebbe che ci fosse una pietra incastonata: un diamante, simbolo di amore eterno, un rubino, pietra del rispetto, uno smeraldo, verde speranza, uno zaffiro emblema di fedeltà, o un'acquamarina, propiziatrice di matrimoni felici. Solitamente le perle non andrebbero regalate, perché sono simbolo di lacrime, a meno che non si tratti di un avvertimento per mettervi la coscienza in pace: "io ti avevo avvisata!".

La tradizione vorrebbe che il giorno del fidanzamento, il giovine pretendente invii alla prescelta un mazzo di fiori, e così a seguire per ogni giorno di fidanzamento fino alla data del matrimonio. Una carineria forse eccessiva, che può essere mediata con qualche saltuario omaggio. Che, ci si augura sempre, non dovrebbe smettere una volta celebrate le nozze.

Gli anelli

☞ Sia l'anello di fidanzamento che la fede nuziale vengono portati sull'anulare sinistro. Tale usanza è molto antica: pare che addirittura il latino Aulo Gellio attestasse in uno dei suoi scritti la connessione tra il nervo che parte dall'anulare sinistro e il cuore, cui arriverebbe direttamente.

☞ Gli altri anelli possono invece indifferentemente essere portati sulle altre dita; assolutamente da evitare il portare anelli sopra i guanti.

S.O.S.

MATRIMONIO

Il secolo appena concluso è stato piuttosto ingrato nei confronti del matrimonio. Istituzione per secoli quasi obbligatoria, imposta dal "buon costume" peggio di una legge dello stato, è stato scardinato nelle regole e nei modi dopo la rivoluzione degli anni Sessanta, non senza lasciare parecchio disordine emotivo – il minimo che possa accadere quando si conclude un lungo periodo di dittatura. Ora, si spera, ci stiamo avviando verso un nuovo equilibrio che permetta di considerare il matrimonio ciò che realmente dovrebbe essere: una libera scelta, dettata dall'amore, di ufficializzare davanti al dio in cui si crede e/o davanti agli uomini l'impegno reciproco di due persone a condividere la propria vita.

Si potrebbe ironizzare per un libro intero su cosa significhi condividere la propria vita, specialmente su quanto differente possa essere per ognuno l'interpretazione di tale verbo. Ma se possiamo dare (utopisticamente?) per scontata la comune interpretazione del significato, va assolutamente chiarito il metodo che si vuole applicare alla cerimonia. Chiarito, s'intende, tra i due fidanzati. Informale, solenne, intima, pomposa, fino ad arrivare alla classica "fuitina", i due futuri coniugi si trovano immediatamente di fronte a un motivo di discussione. Innanzitutto tra loro, e immediatamente dopo con le famiglie, che generalmente non riescono a trattenersi dal consigliare, suggerire, se non addirittura cercare di imporre.

Dato per scontato che, come in tutte le cose della vita, non esiste il matrimonio perfetto in grado di piacere a tutti indistintamente, cercate almeno di organizzare qualcosa che piaccia a voi. È il vostro giorno speciale, godetevelo. La macchina-matrimonio, se organizzata secondo i parametri più diffusi, è un diesel piuttosto lungo da mettere in moto. Dunque si consiglia di decidere la data con un certo anticipo. Ricordate che si tratta di un giorno sicuramente indimenticabile, ma per la gioia che comporta, non per lo stress da organizzazione. Spesso le spose arrivano all'altare stremate (se volete dimagrire, meglio un po' di sano sport) e passano il tempo a preoccuparsi che tutto sia perfetto, invece di rilassarsi e divertirsi con i propri amici. Per le carte che occorrono è necessario informarsi al comune di residenza e nella parrocchia di appartenenza. Generalmente il rito religioso prevede una piccola preparazione, meglio nota come "corso per fidanzati", una sorta di percorso di accompagnamento che non andrebbe sottovalutato. Considerata la normalizzazione dei matrimoni civili, se si decide di dire sì davanti a un altare è bene farlo con la maggiore consapevolezza possibile.

Le partecipazioni

La lista degli invitati è un primo terreno di battaglia. È necessaria una massiccia dose di diplomazia e almeno un po' di pratica con l'arte del compromesso per riuscire a comporre una compagnia soddisfacente per entrambi. Se lei dovrà tollerare i compagni di calcetto di lui, anche quello che tira su con il naso, lui non potrà lamentarsi delle compagne di università che ogni tanto la rapiscono per un aperitivo selvaggio. I parenti sono sempre un ambito doloroso. Invitare anche lo zio brontolone che non si vede da parecchio e la cugina zitella che sta in Francia? Oppure usare la scure e fermarsi ai più cari affetti? La decisione sta agli sposi, consapevoli che sicuramente qualche escluso di poco tatto potrà avere da ridire.

Sulla base della lista, le partecipazioni vanno inviate o comunque consegnate circa un mese prima del matrimonio. Ne esistono di innumerevoli generi, dal tipo più formale a quello semplice, dal carattere originale a quello corsivo, con disegni o senza. Le più eleganti sono, come sempre, le più semplici: se proprio decidete per una decorazione, che almeno non sia colorata. Stampati o scritti a mano, la scelta sta alla buona volontà dell'eventuale amanuense. Il biglietto tradizionale prevede il nome dello sposo in alto a sinistra, della sposa in alto a destra, al centro i dettagli della cerimonia con luogo, data e ora, e in basso a sinistra (cioè sotto il rispettivo nome) l'indirizzo dello sposo, a destra della sposa. A questo modello-base si possono aggiungere diverse variazioni, come per esempio i nomi dei genitori degli sposi – se i due hanno superato i trenta il buon senso suggerirebbe di evitare l'inclusione di "mammà" anche qui –, l'indirizzo comune dei due coniugi dopo il matrimonio, oppure solo quello, se per esempio i due si sposano dopo un periodo di convivenza. Al biglietto di partecipazione va accluso un più piccolo invito con le indicazioni necessarie per raggiungere all'ora indicata il luogo del ricevimento di nozze. L'indirizzo sulla busta va sempre scritto a mano. Si risponde in ogni caso, meglio ancora per scritto, a una partecipazione di nozze. Un biglietto di auguri aggiunto al regalo di nozze, anche se non si partecipa alla cerimonia, quando l'invito è esteso al ricevimento; altrimenti basta un messaggio spedito o un telegramma.

Il bouquet

Tradizionalmente il regalo che la famiglia dello sposo fa alla sposa, assieme alle fedi. Anche in questo caso, l'invito alla proporzione è necessario: se un velo regale di qualche decina di metri può richiamare un bouquet a cascata che raggiunga la punta dei piedi, un più sobrio abito al ginocchio o un modello lineare vorranno un mazzolino più esile, ancorché ricercato nei modi. Uso vorrebbe che la sposa lanciasse il bouquet, mentre è di spalle, a un gruppo di amiche ancora nubili al termine della cerimonia. Per evitare feriti, sia nel viso che nel cuore, ultimamente si è diffusa l'abitudine di disfare il bouquet per affidarne piccole parti a ciascuna delle donzelle libere presenti.

L'automobile

Per un giorno speciale, si tende a utilizzare un'automobile speciale. Tutto si può affittare, ma obiettivamente il cocchio trainato dai cavalli lasciatelo ai principi d'Inghilterra. Un'automobile lustra, d'epoca o contemporanea, sarà sufficiente. Dei fiori sulla cappelliera abbelliranno il mezzo. Tra le tristi abitudini di fare dispetti agli sposi, esiste quella di impacchettare l'automobile durante la funzione. Meglio evitare. Unica concessione, un allegro scampanellio di latte (lavate e senza etichette) appese al paraurti dietro.

Gli abiti

In tempi recenti l'abbigliamento degli sposi è stato fatto oggetto dei più bizzarri comportamenti. Senza voler entrare nel merito delle scelte di ognuno, ricordiamo che la tradizione vorrebbe, per la cerimonia religiosa, la sposa in bianco lungo e lo sposo in tight, o in abito scuro. Se lo sposo è un militare, potrà indossare la sua uniforme. Per la cerimonia civile, poiché nasce come antitesi al matrimonio più tradizionale, l'uso vorrebbe un abito meno formale, corto o di colore diverso. Eppure il fascino dell'abito bianco miete ancora vittime, anche tra le giovani che decidono di sposarsi in comune, e non si vede il motivo per negare un piacere del genere.

Le giovani spose non dovrebbero indossare gioielli, soprattutto alle dita; tutt'al più una collana se l'abito è scollato. In compenso non dovrebbe mai mancare una particolare attenzione all'acconciatura, qualunque scelta si faccia – velo, cappello, fiori, perle.

Infine il trucco. Non lasciatevi convincere a stravolgere il vostro aspetto, rispettate le vostre abitudini, anche se con maggiore cura del solito. Se non siete solite truccarvi, non rendetevi irriconoscibili agli occhi del vostro quasi-marito presentandovi più colorata di un arcobaleno. Semmai procuratevi un buon mascara waterproof.

Gli invitati sono tenuti a vestirsi con eleganza, pur senza essere costretti nei classici abiti da cerimonia che fanno tanto meringa stucchevole. I signori dovranno preferire l'abito scuro, le signore potranno scegliere a loro piacimento la *mise*, rispettando l'unica regola – a parte quella del buon gusto – secondo cui l'unica in bianco dovrebbe essere la sposa.

Le damigelle, se previste, dovranno vestire allo stesso modo, tradizionalmente della sfumatura scelta dalla sposa per caratterizzare le decorazioni.

Il rito

Che decidiate di sposarvi in chiesa o in comune, il rischio di un rito senza anima è spesso il medesimo. Fate in modo che qualunque sia la vostra scelta, sia convinta e come tale partecipata da voi e dal celebrante. In particolare il rito in comune rischia di divenire un momento rapido e senza emozione. Se vi è possibile, fatevi sposare da un ufficiale di vostra conoscenza, o presentatevi da chi è incaricato delle vostre nozze qualche giorno prima. Pensate a un modo di personalizzare il vostro momento: una poesia letta da un amico, un piccolo discorso preparato da voi, un musicista con il suo strumento invece del triste compact disc inserito nello stereo. Durante il rito, i parenti della sposa siedono a sinistra, la famiglia dello sposo a destra, mentre gli amici possono disporsi come preferiscono. La sposa arriva sempre tardi, ma non troppo: sono concessi al massimo quindici minuti, quantomeno per un po' di umana pietà nei confronti dello sposo e di tutti gli invitati incravattati. Lo sposo attende la sposa davanti all'altare – o al tavolo dell'ufficiale – dove la sposa lo raggiunge accompagnata dal padre. Se questi non c'è, la sposa può scegliere di farsi accompagnare da uno zio particolarmente vicino;

oppure lo sposo la attenderà fuori dall'edificio ed entreranno insieme. All'uscita dalla chiesa o dal comune è abitudine degli invitati attendere gli sposi per lanciare loro riso beneaugurale. Una tradizione popolare che ormai si è fatta spazio anche nelle classi più alte e che va presa per quello che è, un gioco.

Gli addobbi

Anche in questo caso, cercate di non eccedere. Cascate di fiori a ogni angolo, tulle e velo tra le panche, composizioni più alte di un bambino a decorare la sala del comune o la chiesa sono assolutamente da evitare. Così come per il luogo del ricevimento, sia che si svolga all'aperto, sotto gazebo allestiti per l'occasione, sia che avvenga in un ristorante o in una sala coperta. Le amatissime candele potranno essere perfette se la cerimonia si svolge la sera, ma non sono adatte a un ricevimento all'ora di pranzo.

Il ricevimento

Dopo la cerimonia, si raggiunge il luogo scelto dagli sposi per festeggiare con gli amici e i parenti. Anche in questo caso le soluzioni sono le più disparate: ristoranti e ville in cui il pranzo viene curato da un servizio di catering vanno per la maggiore. Ultimamente però si stanno affermando anche luoghi meno formali come fattorie che praticano agriturismo, piuttosto che la casa di campagna di uno degli sposi, o addirittura interi pub affittati per l'occasione.

La scelta del menù è molto variabile. Sicuramente esiste l'abitudine di voler "strafare", offrendo piatti quanto più possibile originali e numerosi, con l'unico risultato di annoiare a morte i commensali durante un pranzo o una cena che si protrae per ore. Meglio pochi piatti scelti con coerenza. Non devono assolutamente mai mancare la torta di nozze, tradizionalmente chiara, e lo champagne.

Durante il ricevimento, gli sposi cercheranno – naturalmente senza riuscirci – di salutare tutti gli invitati. Generalmente l'eccitazione dell'evento impedisce loro di essere lucidi, dunque siate comprensivi se il tempo trascorso con voi non è lungo quanto vorreste.

Il fotografo

Ricordare momenti belli come quello del matrimonio non giustifica certe scelte eccessive di compilare mastodontici album fotografici con gli sposi in pose ridicolmente assurde e innaturali, composizioni pseudoartistiche, sfumature, colori e sguardi a sospirone che farebbero inorridire il più grottesco dei pagliacci. Se proprio volete chiamare un fotografo professionista non lasciatevi imporre lo stile ma decidetevi per degli scatti naturali, occasionali, e istruitelo per la massima discrezione durante la cerimonia, soprattutto se religiosa. Infine, una volta completato l'album e – come spesso ormai accade – il filmino, non obbligate chiunque vi venga a trovare durante i primi cinque anni di matrimonio a vederli.

I testimoni

Generalmente scelti tra gli amici più cari, sono tenuti a firmare alcuni documenti alla fine del rito. L'essere designati quali testimoni può essere considerato un onere: dunque cercate di capire con molta discrezione se alla persona che avete scelto faccia piacere oppure no.

Confetti e bomboniere

I confetti non possono mancare. Bianchi, confezionati in piccoli sacchettini in numero dispari, vengono consegnati dagli sposi al termine del ricevimento. Durante lo stesso, un vassoio colmo sarà a disposizione di tutti che potranno servirsene senza attendere il giro della sposa.

Le bomboniere sono sempre meno usate. Sono piccoli doni che si aggiungono ai confetti, particolarmente inutili e in alcuni casi decisamente brutti, la cui definitiva decadenza si auspica il prima possibile. A ogni modo, per chi fosse particolarmente affezionato a questo tipo di usanza, si ricorda di scegliere oggetti che eventualmente possano avere un uso, ancorché limitato, e che per tradizione la bomboniera per i testimoni deve essere più preziosa di quella per gli invitati.

I regali

Se esiste una lista nozze, come spesso accade, attenetevi a quella. Inutile fare gli originali a tutti i costi, per rifilare alla fine la solita cornice d'argento tutta curve e roselline – che finisce magari in una casa arredata con oggetti di design – o il candelabro di inizio secolo. Cercate di rispettare i desideri degli sposi. Che comunque gioiranno di ogni pensiero ricevuto. Se non partecipate al ricevimento, potete inviare un piccolo regalo di vostro gusto, magari informandovi comunque prima su cosa potrebbe fare piacere alla coppia. Nel raro caso in cui non esista una lista, tenete presente che è inutile cercare oggetti per la casa se i due convivono già da tempo, a meno di elettrodomestici particolarmente difficili da trovare, magari di fabbricazione estera, di cui siete certi si senta la mancanza in casa. Se partecipate a un matrimonio all'estero, è carino donare qualcosa di caratteristico del vostro paese. Naturalmente il regalo deve essere utile a entrambi gli sposi, quindi niente gioielli od orologi d'oro. I genitori e i testimoni, solitamente, fanno un regalo particolarmente importante. Ricordatevi sempre di allegare un biglietto di auguri al vostro dono, con qualche frase sentita per gli sposi.

Rinvio o annullamento

Se per qualunque motivo il matrimonio non dovesse tenersi, è assolutamente necessario avvertire tempestivamente tutti gli invitati per telefono o con un telegramma. Se le nozze sono cancellate, restituite subito i regali ricevuti, senza dilungarvi in spiegazioni – che comunque arriveranno tramite mamma, zia, cugina, e così via...

Secondo matrimonio

Che si tratti di divorziati o di vedovi, le seconde nozze devono essere all'insegna della discrezione. Pochi gli invitati, abiti semplici e assolutamente niente strascichi o acconciature elaborate. Un abito scuro per lui e un tailleur chiaro per lei andranno benissimo. Il bouquet non sarà tutto bianco. Niente paggetti o damigelle d'onore, nemmeno i propri figli; così come qualche foto scattata dagli amici sarà sufficiente, invece di un servizio fotografico completo. Allo stesso modo, se partecipazioni e confetti rimangono uguali, evitate la torta a strati con gli sposi in cima e una festa eccessiva. Meglio semmai un bel ritrovo a casa, magari di ritorno da un breve viaggio. I regali, evidentemente, saranno meno per la casa, visto che probabilmente ce ne sono già due diverse da unire con tutti i doppioni del caso.

Se ci sono figli di primo letto, è corretto avvisare l'ex coniuge del desiderio di farli partecipare alla cerimonia. Se maggiorenni, è cortese domandare loro se ne hanno piacere. L'ex, invece, non va comprensibilmente invitato, onde non creare imbarazzi anche tra i presenti, nemmeno se i rapporti sono rimasti amichevoli.

Anniversari

Se i festeggiamenti prima del venticinquesimo anno sono assolutamente privati, da celebrare tutt'al più con una bella cena in famiglia, arrivati a una tale data diventate un caso sociale, e come tale è giusto onorare l'evento – incoraggiante anche per le future generazioni – con una bella festa insieme agli amici e alla famiglia.

Sono dette nozze d'argento quelle per i venticinque anni di matrimonio, appunto, d'oro quelle per i cinquanta, di diamante per i sessanta (premio alla resistenza). Facile intuire il tipo di regalo indicato a ogni ricorrenza. Per i festeggiamenti, niente partecipazioni né addobbi: basta l'atmosfera allegra e magari qualche confetto colorato.

Bebè IN ARRIVO

Uno degli eventi più autenticamente allegri e commoventi rimasti. Inversamente proporzionale alla riduzione del numero di figli per coppia, aumenta il tempo di attesa di ciascun pargolo, che ormai viene annunciato con un certo anticipo: "stiamo pensando di avere un bambino, probabilmente dopo l'estate, così non ho problemi di nausea in aereo". In effetti, in un tempo perfezionista, organizzato e medicalizzato come il nostro un po' si sente la mancanza di quel misterioso alone di magia che caratterizzava in passato la gravidanza e il parto.

Ogni bambino non porta più con sé semplicemente il suo pacchettino di preoccupazioni, come si usava dire un tempo, quanto piuttosto un ingombrante corredo di oggetti utili (ma molti inutili, ancorché così graziosi da non resistere alla tentazione di acquistarli), abiti e balocchi con cui fare i conti nella disposizione degli spazi in casa.

Amici e parenti sono gli addetti alla fornitura: grazie ai prodigi della tecnica, molto presto è possibile conoscere il sesso del nascituro – sì, c'è qualche coppia di originali che non se lo fa dire, ma sono mosche bianche, che oltretutto si mettono nei guai da sole, visto che ormai tutti i negozi per bebè hanno quasi eliminato le sfumature diplomatiche giallo/verde. In generale, alla fatidica telefonata dopo l'ecografia rivelatrice, amici e parenti già posizionati ai blocchi di partenza scattano come lepri per acquistare magline-maglioni-cappelli-copertine-calzini (lunghi e corti)-camicine-teli-spugna-lenzuolini-bavaglini-orsacchiotti-biberon-ciucci-portaciucci-mollettinaperfissareiciucci e qualunque altra cosa possa passare per la mente perversa di un negoziante e di uno stuolo di persone al primo nipote (legittimo o figlio di amici), tutti rigorosamente del colore dovuto al nascituro. Gettando peraltro sulle spalle del dottore che pratica l'ecografia una responsabilità devastante nei confronti del piccolo natante ignaro. Agli assetati di shopping prenatale consigliamo comunque sempre di aspettare: sia perché molte mamme, superstiziose o meno che siano, preferiscono attendere dopo il parto a ricevere regali per la creatura, sia perché rischiano di creare triploni – ormai al doppione ci abbiamo fatto il callo – inutili.

Quando il bebè è nato, il babbo comunica a parenti e amici la bella notizia. Poche le domande consentite, perché sono indubbiamente molte le persone da contattare: nome, peso, tipo di parto, rassicurazioni che tutto sia filato liscio. Le degenze in ospedale sono – fortunatamente nella maggior parte dei casi – piuttosto brevi. Dunque accertatevi del periodo in cui la neomamma rimarrà in ospedale e chiedete se le visite sono gradite. Se la risposta – salvo particolari spossatezze – è positiva, potrete andare in pellegrinaggio a vedere la neonata creatura, portando subito un regalino o un bel mazzo di fiori per la mamma, rigorosamente poco profumati.

Se il regalo per il piccino non è un giochino ma un capo d'abbigliamento, è forse più utile acquistare vestitini di misure superiori. Per i primi tempi infatti le neomamme sono sempre ben fornite – e chi resiste alla tentazione di comprare quei deliziosi completini da gnomo? – mentre dopo i sei mesi è meno probabile ricevere ancora dei doni. Eppure è proprio quella l'età in cui i bambini, complici le pappe e i tentativi di gattonamento, cominciano a sporcarsi di più. Calcolate naturalmente il cambio di stagione.

Accompagnate sempre il regalo con un biglietto d'auguri. Una regola che non andrebbe mai dimenticata, ma tanto più in una simile occasione. È piacevole ricordare le emozioni di una nascita a distanza di anni attraverso le parole benaugurali delle persone care.

Infine il papà: la tradizione vuole che il suo regalo per la mamma sia un gioiello. Le più moderne giovani donne sono già soddisfatte nel ricevere un sostanzioso contributo di presenza e condivisione delle fatiche genitoriali. Anche se un dono, di qualunque genere, non guasta mai.

I primi giorni in casa sono molto delicati: non solo per via degli orari con il nuovo microcomponente che ancora si devono ben assestare, ma anche per via della stanchezza fisica ed emotiva dei genitori. Inoltre il primo momento in cui mamma, papà ed eventuali fratellini si stringono attorno al nuovo nato in casa è sempre qualcosa di molto privato che non andrebbe turbato con l'invasione di persone in visita ad addebitare somiglianze e regalare facce buffe. Abbiatene rispetto e aspettate qualche giorno prima di farvi sentire e vedere.

I bimbi appena nati non hanno numerosi strumenti per esprimere le loro opinioni (se si tralascia lo strillo perforante): dunque non sappiamo bene se è loro gradito passare di braccio in braccio per regalare a tutti l'ebbrezza di un cucciolo da coccolare. Per questo siate discreti nel chiedere di prendere il piccino: non è un bambolotto creato per vostra personale soddisfazione.

Ricordatevi di prestare attenzione anche al neopapà: se si tratta del primo figlio, per gli uomini comincia la vera, dura resa dei conti con la realtà di adulti. Scherzi a parte, ormai quasi tutti i babbi assistono la moglie durante il parto, e spesso e volentieri il loro livello di stress supera quello della compagna (stress, non dolore). Dunque complimentatevi e concedetegli almeno l'onore di qualche somiglianza con il nuovo nato.

Se ci sono dei fratellini, non vanno assolutamente dimenticati: complimenti e regali anche per loro sono necessari per mantenere una buona armonia ed evitare imbarazzanti scene di tentato fratricidio.

Alcuni manuali di buona educazione sconsigliano di adeguarsi all'usanza di appendere un bel fiocco, rosa o celeste, fuori dalla porta o dal portone di casa, in occasione della nascita: ma si tratta di un evento talmente allegro che non si vede il motivo di negare la gioia di un sorriso per la vita che si rinnova anche a un qualunque passante.

Per partecipare tutti della nascita, alcuni usano ancora stampare biglietti augurali da inviare, anche se con l'avvento della tecnologia è ormai più vorticosamente probabile ricevere una foto digitale della creatura appena uscita dal grembo. Anche per gli inviti al battesimo non è più molto in uso stampare biglietti. I confetti invece sono sempre graditi, così come un piccolo rinfresco dopo la cerimonia. Padrino e madrina vanno avvisati almeno con qualche giorno d'anticipo: tradizionalmente, i loro doni sono piccoli preziosi con incisi nome e data di nascita del neonato. Altro regalo che ricorre frequentemente ai battesimi è il braccialetto d'oro e corallo benaugurale.

Infine, una nota a proposito del nome del pargolo. Bisogna ricordare che il nome è una specie di passaporto, una presentazione che ognuno di noi porta con sé per tutta la vita. Chiamare un figlio in un modo stravagante significa renderlo infelice per tutta la vita. Se Fruttero e Lucentini definiscono una catastrofe onomatologica la progressiva riduzione della variazione dei nomi di battesimo – quanti Andrea, Valentina, Marco e Chiara? – è anche vero che andare a pescare nel torbido non aiuta a risolvere la questione. Fate attenzione al cognome del piccolo (come dice la saggia Claudia Porta, è un bene che i suoi genitori non si siano lasciati tentare dal chiamarla Bianca o Vittoria), evitate le mode – diabolicamente incisive quelle dettate da calciatori, veline o personaggi televisivi di successo del momento – né ostinatevi a trovare qualcosa di originale a tutti i costi.

E non rischiate troppo: Adone e Angelica potrebbero essere eredità troppo difficili da affrontare per degli adolescenti brufolosi.

In caso di

FUNERALE

Si potrebbero sfoderare massicce dosi di cinismo in merito all'argomento, anche solo per esorcizzare la paura inconfessabile dell'ignoto che fa capolino in simili occasioni. Considerare un funerale un'occasione mondana è probabilmente più frequente di quanto ci si aspetti. Preferiamo passare per semplici e pensare a questo tipo di cerimonia come a un evento cui si partecipa con profonda consapevolezza. Si tratta di un commiato, per alcuni definitivo, per altri temporaneo a seconda della fede o meno di ognuno, ma comunque una separazione da qualcuno che ha fatto parte, nel bene o nel male, della propria vita. Per i parenti stretti è, con tutta probabilità, un momento di grande dolore; per gli amici e i conoscenti, l'occasione di salutare il defunto, fare sentire il proprio affetto ai familiari per confortarli e magari riflettere un po' sulla propria vita. In tutti questi casi, comunque, le parole sono quanto di meno necessario allo scopo. Quindi: approfittarne e centellinare i commenti. Generalmente si usano le parole sbagliate, mentre ciò che più conta, l'affetto e il sostegno, si esprimono in modi diversi, che passano molto meglio per gli occhi e per gli abbracci.

Presenziare a un funerale non è un dovere, ma una cortesia di forte significato e grande peso emotivo. Sentirsi circondati da persone che ci tengono a essere vicini a chi se ne è andato – come a chi è rimasto – è di enorme conforto ai familiari, aiuta a condividere il peso della separazione.

In realtà in momenti del genere il bon ton dovrebbe lasciare quanto più possibile spazio all'autenticità di ognuno. Di fronte agli eventi fondamentali della vita, cercare di seguire delle regole di comportamento è infatti abbastanza stonato. Dunque nella misura in cui meglio vi riesce, sforzatevi di non giudicare, né l'orchestrazione dell'evento, né il comportamento altrui.

A ogni modo, sia che la cerimonia preveda un buffet all'americana, sia che si tratti di un più sobrio incontro religioso o civile, cercate di accettare il fatto che per una volta non siete voi i protagonisti, e comportatevi in modo discreto. Arriverà il vostro turno.

Siate puntuali: non è una festa in cui apparire sul più bello, quindi abbiate rispetto anche dell'ora. Così come non è carino allontanarsi prima della fine delle esequie, sgattaiolando via furtivamente. Affrontare simili momenti è faticoso per tutti, ma abbiate il coraggio di andare fino in fondo.

Non trattandosi di un momento di gioia, è meglio evitare gli abbigliamenti chiassosi e i colori sgargianti. Da quando il nero è stato sdoganato dalla moda siete facilitati nel compito. Comunque anche le altre tonalità più scure andranno bene.

Se siete facili alle lacrime cercate di piangere il più sommessamente possibile; ma se siete soliti nascondere le vostre emozioni, non giudicate chi secondo tradizione usa il fazzoletto.

Il momento delle condoglianze è quello più difficile: si tratta di trovare validi argomenti in poche frasi, capaci di esprimere quanto vorreste. La cosa migliore è riportare alla memoria un ricordo piacevole della persona scomparsa, per aiutarvi a trasmettere ai suoi cari la sua vicinanza attraverso ciò che ha fatto e detto. Più facile è redigere un biglietto di condoglianze per scritto. Farete piacere a chi lo leggerà se ricorderete con stima e affetto chi non c'è più e aiuterete a mantenere viva la sua persona nel cuore di chi è stato vicino al defunto. Cercate dunque di evitare le solite formule che sanno di abitudine e di poca sincerità, e sforzatevi di trovare in voi un sentimento autentico.

Se i familiari vogliono pubblicare un necrologio, scelgano per tempo il quotidiano cittadino più diffuso e adoperino una formula asciutta, in cui annunciare il giorno del decesso e quello del funerale, con l'orario e il luogo. Gli amici e i conoscenti che vorranno pubblicare il proprio cordoglio, potranno scegliere la formula che preferiscono, sempre nell'ambito della sintesi. Lasciate la fantasia correre in altri ambiti. Una *gaffe* in simili occasioni è più difficile da tollerare.

Sempre necessario, da parte dei familiari, ringraziare per scritto le persone che hanno partecipato al dolore della famiglia. Che disponiate di biglietti personalizzati o vi affidiate alla fornitura delle società che si occupano delle esequie, rispondete ai messaggi di cordoglio anche solo con un saluto, ma sempre necessariamente a penna.

Le feste COMANDATE

Per molti, le festività religiose ormai sono solo cifre segnate in rosso sul calendario, ottime occasioni per migrare lontano dal caos cittadino, aggiungendo pochi giorni di ferie per ottenere una settimana o due di vacanza. Se per le feste dicembrine ancora resiste qualche remora nell'abbandonare tutto e tutti per i Caraibi, la vacanza pasquale è legittimata persino dal detto "Natale con i tuoi, Pasqua con chi vuoi" (curioso che proprio la festa più importante della cultura cristiana sia la più disertata). Se la libertà di pensiero e religione – o non religione – è sicuramente un diritto, e come tale va salutato con piacere, dev'essere comunque ricordato che, anche per chi intenda dimenticare completamente tali appuntamenti da un punto di vista "teologico", esistono alcuni piccoli principi di buona convivenza legati a questi che sarebbe bene rispettare.

Non è questa infatti la sede per riflessioni religiose, che lasciamo volentieri all'intimo di ciascuno, ma gli aspetti sociali di simili appuntamenti rientrano nell'ambito delle buone maniere e come tali, meritano una piccola analisi. Infine, alle principali feste religiose si accompagnano alcune celebrazioni tradizionali come l'ultimo dell'anno.

Natale

Saltando a piè pari frasi trite su come si sia trasformata in una ricorrenza consumistica, siamo onesti e arriviamo al punto. Anche per i laici, il Natale rappresenta la festa della famiglia, un momento di riunione e affetto. Inutile negarlo. Dunque non ritrovarsi con i propri cari, non farsi sentire nemmeno per telefono per un piccolo augurio, non confezionare neanche un singolo pacchettino è, diciamoci la verità, davvero triste. Forse per questo molti dichiarano di non amarlo: si ritrovano di fronte alla meschinità della propria vita. Anche se il cinismo va tanto di moda e sembra – sembra – regalare un po' di classe anche a chi proprio non ne ha, non è sicuramente lo strumento più utile per rendere felici.

Del resto, soprattutto chi non crede nell'aldilà dovrebbe fare qualche tentativo in più per cercare di essere felice nell'aldiquà. Dunque non sforzarsi necessariamente di organizzare un cenone né di prendere la cornetta per fare gli auguri a quella vipera della suocera, ma cercare di festeggiare almeno con le persone che apprezziamo. Provate a trovare dentro di voi l'autentico piacere di augurare ogni bene a chi vi piace. Certo, ogni giorno dovrebbe andare bene, ma visto che di solito ce ne dimentichiamo, approfittiamo dell'occasione per fare una specie di riepilogo.

Quindi:

✔ fate gli auguri. Posta elettronica, telefono, posta normale (mandate biglietti soprattutto ai vostri amici anglosassoni, per loro è un'abitudine quasi sacra quella di esporre i biglietti d'auguri natalizi ricevuti), fate voi. Usate frasi fatte, aforismi, fumetti, parole vostre (soluzione sempre preferibile, se sentita). Ma esprimete il vostro affetto. Potreste anche rischiare di scoprire che è gratificante;

✔ fate regali. Negare un regalo a un amico non è una dimostrazione di coerenza, ma solo di maleducazione. Se davvero aborrite il consumismo, ingegnatevi di realizzare voi qualcosa, frequentate i negozi che propongono oggetti di produzione solidale, scrivete un biglietto, coltivate dei fiori e poi metteteli in vaso. Ma nascondersi dietro a principi superiori, magari dopo aver trascorso l'80% delle vostre ultime giornate a lavorare in una multinazionale, non è davvero credibile;

✔ fate o partecipate a un pranzo di Natale. Le candele rosse, il tacchino (o il tofu) ripieno, le decorazioni e l'albero, i canti di Natale in sottofondo. Le tradizioni non vanno mai fuori moda. Sono un'occasione utile per divertirsi, chiacchierare e ricordarsi che, nonostante tutte le diversità, le abitudini che danno sui nervi, le incomprensioni e la mancanza di dialogo, sotto sotto sotto sotto, c'è un silenzioso legame che conta. E che, tutto sommato può essere alimentato anche in questi momenti.

Pasqua

Il simbolo della Pasqua, momento di rinascita, è l'uovo. Non quello di cioccolato, ma quello vero, naturalmente.

✔ E dunque sotto con le uova, dipinte, benedette, sode, di cartapesta, nascoste in giardino; ma vanno bene anche i coniglietti, gli agnellini, le colombe.

✔ Decorazioni e riti rendono allegra la festa, e il pranzo domenicale che non dovrebbe mancare, se il tempo lo concede magari all'aperto, per rallegrarsi anche della primavera prossima ad arrivare.

✔ Pure in questo caso, se proprio non avete voglia di allungare le gambe sotto a un tavolo assieme a qualche simpatico commensale, almeno chiamate per augurare un po' di felicità, e chi sa mai che non ne stiate regalando già un po' con il vostro gesto.

✔ Il regalo, a Pasqua, non è una tradizione. Basta un po' d'allegria e un pensiero affettuoso.

San Silvestro

... o del fascino del confine. Potrebbe essere una notte come tutte le altre, quella designata per convenzione a indicare la conclusione di un anno solare.

Eppure evoca qualcosa di speciale, quella piccola parte superstiziosa che alberga in ognuno di noi, di cui un poco ci vergogniamo ma che ci induce ai medesimi riti tutti gli anni. Buoni propositi, speranze, felicità, tutto ciò che inseguiamo ha bisogno di un nuovo inizio per rafforzarsi, almeno nella nostra testa.

Naturalmente si può scegliere di andare a dormire, se si riesce nonostante la confusione che generalmente si verifica. Se si decide di festeggiare, però, lo si faccia secondo le giuste regole: qualcosa di rosso assolutamente addosso. E niente fuochi d'artificio: basta un bel brindisi, decisamente meno pericoloso.

Le relazioni pericolose:
I PARENTI

I parenti, a differenza degli amici, non si scelgono. Questo significa che esiste chi riesce ad avere rapporti idilliaci con i propri familiari, ma anche che spesso ci troviamo a dover sopportare legami – a volte stretti – con persone con cui non abbiamo una vera sintonia. Eppure il legame di sangue è qualcosa di forte, che non si può dimenticare alla stregua di un ragno in soffitta, pena gravi scompensi, come insegna Freud. Dunque è forse più saggio imparare a farci i conti, aiutandosi con un po' di buona educazione (ma non di ipocrisia). Non si tratta (solo o sempre) di egoismo: a volte si preferirebbe trascorrere pomeriggi interi a fare volontariato con estranei piuttosto che dedicare un'ora a quei due brontoloni che ci hanno messi al mondo. Non c'è niente di più complesso della gestione di un rapporto familiare. Tuttavia, riuscirci regala un *bonus* di serenità enorme.

I genitori

Ai loro occhi, almeno nei casi fortunati, i figli rimangono sempre dei bambini, anche a cinquant'anni. La preoccupazione per un pargolo non cessa mai, anzi se possibile aumenta. Dunque non irritatevi, ma fatevene una ragione. La mediazione tra le venti telefonate quotidiane loro e il telegramma mensile vostro esiste. Trovatela insieme. Senza costringervi a chiamare in continuazione per ascoltare di acciacchi e rimbrotti reciproci tra coniugi, cercate comunque di trovare il piacere di sapere come stanno i vostri genitori e di far sapere loro come state voi almeno una volta al giorno.

Non è necessario stare mezzora al telefono ogni volta, basta un saluto rapido. È quel comunicare che comunque si pensa anche a loro. E tranquillizzarli di essere ancora vivi, nonostante il cattivissimo mondo che ci circonda. Dai quattordici anni in poi sarebbe carino ricordarsi di fare loro gli auguri di buon compleanno senza sollecitazioni esterne, così come per il loro anniversario di matrimonio.

Se avete figli, non meravigliatevi troppo e soprattutto non questionate sulla differenza di trattamento tra quello che era stato riservato a voi da bambini e quello che ricevono i vostri piccoli. I genitori educano, i nonni viziano. Se la mamma vi vuole a pranzo tutte le domeniche e voi scalpitate invece per passare ogni fine settimana in un posto diverso, ma soprattutto a chilometri e chilometri di distanza da casa e lavoro vostri, provate a mediare con almeno una domenica al mese e almeno una sera a settimana.

Le feste comandate in famiglia rischiano di diventare una carneficina se rigorosamente imposte: eppure cercate di fare felici i genitori condividendo almeno il Natale, la festa della famiglia per eccellenza. Se poi per una volta preferirete andare in montagna non morirà nessuno, ma generalmente fate in modo di partire per Santo Stefano...

I nonni

Custodi dei più dolci ricordi d'infanzia, i nonni sono un bene prezioso per ogni bambino, anche per quelli che – almeno di fuori – sono tanto cresciuti da essere chiamati adulti. Se già il tempo da dedicare ai genitori è compresso tra mille impegni, il lavoro, lo sport, gli aperitivi e i viaggi, quello per i nonni si riduce a frazioni a doppia cifra. Non dimenticatevi però dei vostri beniamini di allora, ma cercate di coltivare una certa frequenza di visita.

Più che una telefonata (che per carità, non guasta mai), la vostra presenza, il "lasciarvi guardare come vi siete fatti grandi" e il racconto di persona dei vostri successi quotidiani li renderanno felici. Difficile trovare regali per loro. Ma proprio per questo, non dimenticarsi di festeggiarli con un pensierino è ancora più gradito.

Gli zii e i cugini

Con gli zii sarebbe bene farsi sentire con una telefonata o un bigliettino d'auguri almeno in occasione delle principali festività. Non ci sono obblighi di visite, tranne che in caso di matrimonio, quando presentare almeno con qualche mese di anticipo il futuro/a consorte è sicuramente un gesto di educazione ed eleganza.

L'occasione inoltre potrebbe essere utile anche per consegnare di persona la partecipazione. Il rapporto con i cugini varia molto dal grado di confidenza con i medesimi, dalla frequentazione avuta da bambini e così via. A ogni modo non esistono obblighi di sorta.

I nipoti

I figli dei propri fratelli sono generalmente parte integrante della nostra vita, e si prova per loro un amore e un'attenzione non dissimile da quella che si riserva alle nostre creature. Il rapporto, in fondo, non è dissimile da quello dei nonni con i figli dei propri figli: si possono viziare, si coccolano e ci si diverte giocando grazie a quella disinvoltura che deriva dal non essere responsabili della loro educazione. È un po' il motivo per cui generalmente zii e nonni sono tanto amati: giocano a cuor leggero, riuscendo davvero a divertirsi con i più piccini, che lo percepiscono. Naturalmente questo non significa infischiarsene, ma semplicemente avere la possibilità di divertirsi "alla pari". Assolutamente da non fare, però:

✔ criticare i genitori per accattivarsi le simpatie dei nipoti;

✔ interferire con le decisioni educative dei genitori. Ognuno ha il suo stile, il suo modo di amare e stare con i bambini, ma deve sempre essere rispettoso delle direttive dei genitori. In caso di gravi dissidenze è giusto ragionarne insieme, ma mai davanti ai piccini;

✔ fare regali diversi privilegiando alcuni rispetto ad altri.

I suoceri

Non si contano le storielle e le leggende metropolitane sui cattivi rapporti che intercorrono tra suocera e nuora. La ingombrante figura della mamma italiana ha sempre infastidito molto le suscettibili giovani mogli, che per anni si sono trovate ben incastrate tra l'incudine della doverosa cortesia e della quiete familiare e il martello dell'invadenza irrefrenabile della regina madre. Le suocere del nuovo millennio però promettono bene: un riscoperto amore per se stesse, per la libertà ritrovata dopo che i figli se ne sono andati di casa e per un marito più presente ha consentito a tante donne di non ripiegarsi a mitile sul figlio anche quando ormai è "sistemato", consentendo ai giovani sposi di vivere serenamente la propria vita senza intrusioni costanti.

È il momento dunque di riscoprire la vera cortesia e la buona educazione nei confronti dei suoceri, non vissuta a denti stretti ma goduta con piacere. E comunque, per un buon equilibrio con i genitori "dell'altro", è necessario ricordare (e rassegnarsi) che:

✔ un figlio maschio non sarà mai trattato come una figlia femmina;

✔ la moderna divisione dei compiti è di difficile comprensione per molte signore di una certa età. Cercate di mettere il loro figlio adorato a cucinare o cambiare i pannolini nel modo più discreto possibile. Sbandierare le moderne conquiste femminili vi potrebbe portare a un fastidioso scontro, anziché alle sperate congratulazioni;

✔ criticare il proprio compagno di fronte ai suoi genitori significa indirettamente criticare il loro operato, oltre a essere una notevole mancanza di stile. I panni sporchi si lavano in coppia;

✔ nessuno sarà mai abbastanza per la loro bambina. Mantenere un profilo basso e darci dentro con i fiori;

✔ non pensate mai di potervi intrudere nel rapporto madre-figlia quando è buono. Rispettate i loro spazi;

✔ se vi pare che l'ingerenza dei suoceri sia eccessiva, chiaritevi con il vostro compagno/a. È lui/lei che dovrebbe far ragionare i suoi genitori;

✔ se decidete di affidare loro i vostri figli, siate grati e non continuamente critici. Non è un gesto dovuto da parte loro;

✔ Non siate troppo diffidenti, né severi. Un po' di umana comprensione – da parte di entrambi, d'accordo – aiuta sicuramente a condurre il gioco in modo più scorrevole.

La nuora e il genero

Accogliere in famiglia la moglie o il marito della propria creatura è un'operazione delicata. Forse anche per i suoi significati reconditi: si tratta della dichiarazione ufficiale della sua crescita e del vostro passaggio a un nuovo stadio di invecchiamento. Eppure si tratta di un passaggio obbligato, pena l'infelicità di molti, in prima persona del vostro bene più grande. Ecco alcuni diktat di buona educazione nei confronti di nuora e genero.

✔ Non intromettetevi. Potete, anzi dovete dare un sostegno morale e consolatorio in caso di litigi, ma dovete astenervi dal criticare l'altro. Cercate invece di vederne i lati positivi e di trovare una soluzione, invece di aggravare le distanze.

✔ Non fate regali solo a vostro figlio/a. Non semplicemente in modo esplicito, una cafoneria abbastanza rara, ma anche in quello più subdolo nel trovare oggetti o soddisfare richieste a senso unico.

✔ Non regalate oggetti singoli di ciò che può essere venduto in coppia. Per esempio, se volete donare un accappatoio cercatene due, uno per lei e uno per lui; se regalate una tazza per la colazione, fate in modo di scovare quelle appaiate. Non si tratta di stucchevolezze, ma piccoli stratagemmi per affermare che avete chiaro in mente il fatto che loro sono una coppia, con un legame speciale che rispettate e caldeggiate.

✔ Non telefonate troppo spesso.

✔ Siate sempre rispettosissimi degli spazi, anche fisici, della coppia. Non entrate mai in casa se non invitati, offritevi di collaborare in caso di bisogno ma non imponetevi né soprattutto fatevi trovare sul posto. Se vi fa piacere prendervi cura dei nipotini, chiedete prima se c'è qualche preferenza in merito a orari e giorni, in modo da conciliare le soddisfazioni di tutti.

✔ Non comportatevi in casa dei giovani parenti acquisiti come superiori in sopralluogo, analizzando la quantità di polvere sugli scaffali e la disposizione del cibo nel frigorifero.

✔ Non fate domande indiscrete.

✔ Rispettate le scelte della coppia. Potete naturalmente esprimere dissenso o azzardare qualche osservazione, ma sempre entro i discreti limiti del parere aggiunto.

✔ Distribuite il peso delle vostre necessità tra tutti i figli. Cercate di non chiedere sempre e solo a quello di loro che vi asseconda, facendovi odiare dal genero cui salta sempre il fine settimana in montagna.

✔ Se avete la stessa idea di vostra nuora per il regalo di compleanno a vostro figlio, cedete voi.

✔ Fidatevi dei vostri figli. Se hanno fatto la propria scelta con il cuore, ce la faranno.

Come comportarsi con

GLI STRANIERI

L'era della comunicazione globale non sembra – incredibilmente – aver facilitato la comunicazione tra i popoli. Siamo capaci di curiosità per individui che vivono dall'altro capo dell'emisfero – anche se ci si limita comunque spesso a qualche contatto tramite computer –, mentre si trascurano le persone che ci stanno accanto. La diversità di cui uno straniero è portatore è una ricchezza di cui non dovremmo privarci tanto a cuor leggero. Aprirsi a questa non significa cancellare ciò che si è o che si tramanda con i propri costumi e abitudini, ma solo dimostrare disponibilità alla convivenza pacifica di diverse attitudini e culture. Allo stesso modo, essere stranieri, lontani dalla propria terra di origine può essere molto difficile. Accogliere amichevolmente chi arriva da lontano può rendere meno pesante la nostalgia e piacevole la permanenza, soprattutto se obbligata. Infine, l'ospitalità non fa differenze.

Si omaggia con la medesima cortesia lo straniero di qualunque parte del mondo, non solo quelli provenienti da regioni che paiono particolarmente affascinanti. C'è sempre molto da scoprire, e la nostra ignoranza è più profonda di quanto non pensiamo. Ecco alcune regole di cortesia da usare con persone di diversa nazionalità.

✔ Se ci troviamo a conversare con uno straniero di cui conosciamo la lingua ma che si trova nel nostro paese, non cerchiamo di parlare la sua, se non quando si trova proprio in difficoltà. Consentiamogli piuttosto di esercitarsi con noi, non mancando di sottolineare le sue capacità linguistiche e di incoraggiarlo. È invece brutto correggere in continuazione, anche se con scopi generosi. Essere interrotti in continuazione è logorante e più complicato che non commettere qualche errore di dizione.

✔ Può capitare che gli stranieri che qui da noi fanno lavori anche umili siano in realtà in possesso di titoli di studio non riconosciuti nel nostro paese. Una situazione difficile per chi la vive, che dopo aver faticato per ottenere un riconoscimento utile per impiegarsi in un'attività di gradimento si ritrova a fare tutt'altro.

✔ Altra cosa che sicuramente sarà gradita è offrire occasioni di raccontare il proprio paese, attraverso le parole, la cucina, la cultura o i costumi: anche chi si allontana per protesta da casa, quando è distante riscopre i lati positivi del suo luogo d'origine e trova confortante poterne parlare.

✔ Attenzione alle differenze, principalmente quelle umoristiche: ciò che fa ridere noi potrebbe essere sacro per un altro popolo, o quanto meno incomprensibile. Azzardatevi a fare battute solo quando la conoscenza è un po' più profonda. Allo stesso modo, le abitudini alimentari e l'educazione possono variare molto. È necessario essere tolleranti e comprensivi, cercando di spiegare i diversi punti di vista in modo cortese, senza imporsi e nemmeno senza sentirsi obbligati a cambiare il proprio stile di vita.

In particolare la tavola offre motivi di grande differenza: fate molta attenzione se invitate a cena uno straniero. Fatevi dire in anticipo se ci sono cibi che assolutamente non può mangiare, ed eventualmente ripiegate su un ristorante capace di accontentare i gusti di tutti. Qualche indicazione generale:

✔ i musulmani non mangiano carne di maiale e non bevono alcolici;

✔ gli induisti non mangiano carne di manzo;

✔ i brasiliani aborrono il coniglio;

✔ gli asiatici non amano i latticini, soprattutto il formaggio.

Esistono modalità differenti di porsi, da parte di ogni popolo, che vanno rispettate. Allo stesso modo, le generalizzazioni sono indicazioni di massima che non vanno prese per oro colato, ma rapportate a ogni singola persona e situazione. Di seguito vi suggeriamo alcuni argomenti e comportamenti cui prestare particolare attenzione, ma che non sono categoricamente vietati o sacri:

✔ gli spagnoli sono molto rispettosi nei confronti delle donne e riservati sulla propria professione, dunque evitate complimenti eccessivi alle signore e domande dirette che riguardino il lavoro. Nei saluti, solo gli uomini si stringono la mano: se si saluta una donna, anche se si è un uomo, ci si scambia un doppio bacio, porgendo prima la guancia sinistra;

✔ i portoghesi non sono spagnoli. Hanno differenti culture, lingua e abitudini. Non cercate di parlare loro in spagnolo, errore assai diffuso;

✔ i francesi sono piuttosto discreti. Rispettate questa tendenza evitando troppe domande e assecondando piuttosto la conversazione che vi viene proposta. Evitate discussioni su cibo e vino. Quando li si saluta, il bacio è quasi d'obbligo, doppio o triplo. O almeno una stretta di mano, anche se ci si vede tutti i giorni;

✔ gli inglesi non amano le esagerazioni ma apprezzano molto l'ironia. Se proprio volete conversare nella loro lingua madre non fatelo con accento americano. Quando ci si rivolge loro, prima del cognome bisogna sempre anteporre Mister o Miss, e l'uso frequente del nome di battesimo non indica particolare confidenza. La mano si stringe solo al momento delle presentazioni;

✔ i tedeschi sono meno rigorosi e più gioviali di come li si dipinga. Non parlate di dittature ormai sepolte. Quando si tende la mano per salutare bisogna sempre accompagnarla con il nome della persona che si sta salutando;

✔ gli austriaci, spesso confusi con tedeschi e slavi, hanno un forte senso di identità: fateci attenzione;

✔ allo stesso modo, i belgi non sono francesi. E non amano critiche alla monarchia;

✔ gli olandesi non sono particolarmente loquaci, non cercate di intromettervi nel loro stile di vita. Evitate di parlare dei belgi e del cattolicesimo;

✔ le popolazioni scandinave, che spesso ingiustamente confondiamo, hanno invece un forte senso di nazionalità. Cercate di non confondere danesi, svedesi, norvegesi e finlandesi;

✔ il modo migliore per essere accoglienti e cortesi con gli stranieri è dimostrare disponibilità e attenzione. Se queste sono sincere, qualunque *gaffe* verrà perdonata.

Cari

BAMBINI

"I bambini si devono vedere, ma non sentire", dicono gli inglesi. Chiunque abbia un minimo di contiguità con esseri inferiori al metro e mezzo sa quanto utopica sia tale affermazione.

Dopo gli eccessivi rigori educativi a cui le generazioni presessantotto sono state sottoposte, dopo la successiva reazione anarchica in cui l'educazione dei bambini sembrava una parolaccia, pare ragionevolmente avviata la fase di ricostituzione di alcune indicazioni da far seguire ai propri piccini, innanzitutto nel loro stesso interesse e rispetto. Se non è corretto che i bambini si adattino incondizionatamente al mondo dei grandi, è anche vero che crescere piccoli despoti ai cui capricci piegarsi senza scampo è intollerabile e sbagliato. Una mediazione tra le esigenze di tutti sembra essere il ragionevole obiettivo che si sono posti i genitori di ultima generazione, con tutte le difficoltà e i dubbi che tale scelta impone. Lungi da questo manuale l'intenzione di dire ai genitori come educare i propri figli, è comunque necessario sottolineare alcune indicazioni che attengono alla buona educazione dei genitori rispetto ai figli, soprattutto in presenza di terzi. A cui si aggiunge naturalmente un sincero in bocca al lupo e tutta la nostra personale solidarietà.

✔ I bambini hanno una mente pratica. Il vostro esempio, il vostro comportamento esemplare è il miglior metodo educativo. Se volete dei figli beneducati, siatelo voi per primi.

✔ Non gridate. I capricci di un bambino sono fastidiosi, di peggio ci sono solo gli strilli indisponenti delle mamme.

✔ Una buona mediazione tra le esigenze di tutti è rappresentata dal non mettere i bambini nella condizione di essere sgridati in continuazione. Dunque lasciare i bimbi a casa se l'impegno che si deve affrontare non è adatto alla loro età (cerimonie lunghe, ristorante particolare, cinema, case di altri).

✔ Non ammonite i figli degli altri. Se ci sono problemi, chiaritevi con i loro genitori, ma non permettetevi di sgridare direttamente i bambini. È un comportamento vile.

✔ Non vantatevi delle vostre creature. Prima di tutto per loro, perché rischiano di sentirsi parte dei vostri lussuosi acquisti anziché della vostra vita, e poi per chi vi ascolta. Ogni scarrafone dovrebbe essere bello a mamma sua, ma non necessariamente agli altri. Ciò che a noi giustamente appare prodigioso, con tutta probabilità viene fatto anche da tutti gli altri bambini. Questo nulla toglie alla meraviglia che si deve provare di fronte ai nostri piccini, solo non pretendete di condividerla con tutti.

Corollario alla precedente: evitate di ingaggiare duelli all'ultimo successo con altre mamme.

✔ Rispettate i loro ritmi. Un bambino stanco, stravolto dai cambiamenti o privato del suo diritto al gioco è sicuramente un bambino molto meno disposto alla cortesia e alla buona educazione.

✔ Non criticate in loro presenza l'altro genitore o le maestre. Se pensate che ci siano problemi seri fate in modo di risolverli; altrimenti insegnate loro piuttosto a trovare il lato migliore delle persone così come delle situazioni. È un buon allenamento anche per voi.

✔ Se siete fuori casa con un bimbo che ancora fa uso di pannolini, ricordate di portare con voi oltre al cambio anche un sacchetto per contenere eventuali bombe chimiche.

✔ Se i vostri figli vanno all'asilo, alla scuola materna o a quella elementare, avete a che fare con professionisti specializzati. Questo non mette automaticamente al riparo da incompetenze, inettitudine o inadeguatezze; per questo è utile conoscere gli insegnati in anticipo, presenziando alle riunioni di classe e ai colloqui personali. Non mettete però costantemente in discussione la qualità dell'insegnamento impartito ai vostri gioielli, cosa che accade specialmente se i risultati non sono quelli che speravate. Fate prima un esame di coscienza voi stessi, e poi decidete se davvero il problema sta nell'insegnante. In caso di questione seria provvedete seriamente, altrimenti parlatene direttamente con gli interessati (tutti) in modo da trovare insieme una soluzione. Non criticate mai di fronte ai vostri figli la maestra. Se però, come fortunatamente più spesso accade, siete soddisfatti del lavoro di chi guida i vostri pargoli, dimostratelo con ringraziamenti verbali e un bel dono collettivo dei genitori a fine anno.

✔ Infine una nota sull'abbigliamento. Ai bambini può capitare facilmente (è nel loro diritto di piccoli esploratori della vita) di: sporcarsi, strapparsi gli abiti in una caduta, arrampicarsi, fare capriole, correre, rovesciarsi il cibo addosso (almeno quelli più piccoli), avere molto caldo, impigliarsi nei rami o nei pertugi che il mondo mette loro a disposizione. Tutto questo con la stessa frequenza con cui un pasticcere usa il cioccolato. Dunque, forniteli di abiti che siano comodi e, se fate loro indossare capi confezionati con stoffe delicate e/o bianche, siate consapevoli dei rischi cui i medesimi sono esposti. Insomma, abbiate comprensione, non addobbateli quotidianamente come piccoli adulti graziosi. Possono essere in ordine anche senza apparire ciò che non sono: voi in miniatura.

Se i figli non sono vostri

Poche storie, se non vi piacciono, non stateci. I bambini sono divertenti, affascinanti, teneri. Ma anche faticosi, irragionevoli ed egocentrici. Spesso, gli adulti che sono riusciti a mantenere intatte queste caratteristiche nonostante il trascorrere degli anni faticano a sopportare la presenza di piccoli concorrenti. Inutile nascondersi, fingendo apprezzamento per quelli che, nel segreto del loro cuore, essi vedono come dei piccoli mostri fastidiosi.

Dunque non affettate simpatie che non provate, che oltretutto vengono immediatamente smascherate dai potentissimi radar di cui sono dotati i più piccoli. Una sana, reciproca indifferenza è più gradita di una leziosa attenzione. Se però vi trovate a contatto forzato con i figli di cari amici o parenti, magari la volta in cui proprio non sono riusciti a rimediare una baby sitter o sono passati per il saluto di rito in occasione di una festa comandata, appuntatevi alcuni suggerimenti:

✔ un piccolo dono può intrattenere l'esserino, almeno per qualche minuto;

✔ se avete esposti oggetti a cui tenete, fate in modo di spostarli sopra il metro e mezzo di altezza, meglio ancora, nascondeteli. I bambini hanno un vero talento per toccare e possibilmente rompere proprio le cose più care. Non costringete i genitori a una costante rincorsa ansiosa;

✔ se avete a cena tutta la famiglia, abbiate l'accortezza di pensare a un menù non troppo ricercato: difficile che i bambini apprezzino lo sformato di pescatrice, mentre andranno sicuramente pazzi per le patatine. Se si intrattengono per poco tempo, un bicchiere di latte e dei biscottini li faranno probabilmente felici. Evitate di offrire caramelle e cioccolata, per non incorrere nelle occhiatacce dei genitori.

S.O.S.

ANZIANI

Non ci sono *lifting*, botulino, sport o alimentazione sana che tengano. Prima o poi – e se si è fortunati, a dire la verità – ci si arriva tutti. La terza età si è allungata a dismisura, le persone anziane sono in numero crescente, eppure non sembra essere aumentato il rispetto che sarebbe loro dovuto. Anzi, il costante tentativo di negare gli aspetti più difficili dell'esistenza e di eliminare quelli meno produttivi nell'ottica di un più efficiente piano di risanamento del sistema pensionistico potrebbero prima o poi condurci alla pratica di abbandonarli nudi al freddo polare per risolvere definitivamente la questione. In realtà questo folle atteggiamento di disprezzo ed emarginazione sta creando seri problemi di equilibrio alla nostra società, troppo malata di velocità ed efficienza per ricordarsi di valori come l'esperienza e la riflessione. In attesa di una revisione comune delle priorità esistenziali, che porterebbero a una naturale reintegrazione degli anziani nel sistema sociale e familiare, cerchiamo di rispettare almeno le più elementari norme di buona educazione.

✔ Aiutare. A portare i pesi, ad attraversare la strada, a tenere aperta una porta pesante, a salire gli scalini dell'autobus, a uscire da una situazione complicata. Invece di fare finta di nulla o spazientirsi, rendersi utili.

✔ Portare pazienza. Se alla guida dell'auto particolarmente lenta che ci procede intravediamo una testa canuta, rallegriamoci dell'intraprendenza e dell'energia che ancora la porta a sfidare il traffico invece di strombazzare.

✔ Ascoltare. Chi ha molti anni sulle spalle ha conosciuto un mondo totalmente diverso dal nostro. Chiediamogli di raccontarcelo. Sarà piacevole per entrambi.

✔ Farli partecipare. Il fatto che abbiano un passato non significa che il loro futuro, o addirittura il presente non esista. Coinvolgiamoli quanto più possiamo nella nostra vita, condividiamo attività e passatempi, troviamo loro un compito, coltiviamo la loro legittima utilità.

✔ Assecondiamoli. Capita spesso che gli anziani sviluppino alcune abitudini a cui si affezionano particolarmente, che danno loro sicurezza. Non condanniamole come fissazioni ma cerchiamo, entro i limiti del ragionevole, di rispettarle.

✔ Regaliamo loro novità. Anche se amano le certezze cui la loro vita è ancorata, non sono fiammelle spente, ma soltanto un po' affievolite. Riaccendiamoli con qualche allegra sorpresa, che non stravolga il loro stile di vita ma che sia in grado comunque di trasmettere loro un po' di carica e di entusiasmo.

✔ Incoraggiamoli. A cominciare nuove attività, a godersi amicizie e tempo libero. Diamo loro gli strumenti per farlo.

✔ Condividiamo con loro la gioia di avere un bambino per casa. Portiamo spesso i nostri piccini a trovare gli anziani. È uno scambio silenzioso, il loro, che non possiamo comprendere fino in fondo, ma che fa bene a entrambi.

✔ Siamo discreti negli aiuti. Lasciare libera la poltrona più alta, in modo da non costringere ad affondare nel divano da cui ci si rialza a stento e con straordinarie acrobazie, preparare lo stesso piatto di cibo morbido per tutti, lasciare libero il posto a sedere in autobus senza necessariamente invitare a sedersi, parlare un po' più forte senza aspettare che ci venga richiesto per la terza volta di ripetere la stessa frase; ci sono mille accorgimenti per fare cortesie senza sbandierarlo.

Anche chi ha una certa età però dovrebbe cercare di attenersi ad alcune regole di cortesia e rispetto dei più giovani, in modo da rendere un reciproco piacere lo stare insieme.

✔ Innanzitutto non trascurare la propria salute. I fumatori incalliti che nonostante i divieti dei medici proseguono nel loro vizio, costringendo i familiari a corse regolari all'ospedale con il cuore in gola, gli spericolati che attentano alle proprie ossa arrampicandosi ovunque pur di dimostrarsi invincibili e che non si accorgono invece di quanto fanno stare in pena i figli, gli irriducibili che non vogliono cedere alle cure e

alle medicine perché si sentono in perfetta forma, di perfetto hanno, in realtà, solo il proprio egoismo.

✔ Non lamentarsi in continuazione del fatto di avere poco tempo di fronte, ricattando moralmente chiunque stia loro intorno e colpevolizzando i più giovani.

✔ Saper rispettare i propri ritmi ma anche quelli altrui, senza imporre sacrifici eccessivi.

✔ Sapersi coltivare interessi e amicizie al di fuori della famiglia, in modo da non obbligare i figli a visite quotidiane. Senza contare che ci si gode molto di più la presenza dei propri cari quando si sa che ci vengono a trovare non perché devono ma perché fa loro piacere.

✔ Non criticare automaticamente tutte le novità. È una tendenza diffusa tra chi ha passato un certo numero di anni quella di disapprovare ogni cosa che li costringa a un cambiamento. Cercare di capire, invece di censurare a priori, è un modo di amare la vita.

✔ Approfittare dei servizi messi a disposizione da comune e attività di volontariato per gli anziani.

✔ Tenersi attivi e rendersi utili: ci sono anziani che regolano il traffico all'uscita delle scuole, che organizzano fiere e occasioni di beneficenza, senza contare le mamme che avrebbero disperatamente bisogno di un sostegno nell'accudire ai propri figli (se non si hanno nipoti propri non significa che non si possa essere nonni comunque) o anche solo di qualche consiglio.

✔ Non lamentarsi degli acciacchi dell'età. Per quanti siano, sarà sempre maggiore il numero delle malattie che non avete, c'è da scommetterci.

Come comportarsi CON LE COLF

Il personale di servizio di casa è una vera benedizione. Riuscire a ridare una logica disposizione ad abiti e oggetti presenti in un appartamento e soprattutto pulire il medesimo con tutto ciò che contiene pare in alcuni momenti una vera missione impossibile. Eppure queste discrete e laboriose presenze riescono nell'intento meglio di un agente segreto, e generalmente senza spargimenti di sangue. Che siano saltuari, come nella maggior parte delle famiglie, o abitino con i padroni di casa, i collaboratori sono comunque persone preziose, che ci sollevano da numerose incombenze faticose e lunghe. Persone, appunto. E come tali, con i propri limiti e il proprio carattere.

Dunque è necessario stabilire un buon rapporto con loro, in modo da essere entrambi soddisfatti del legame. Le persone che ci aiutano in casa sono nostri dipendenti, e come tali ci devono un lavoro ben fatto nei tempi stabiliti. Ma anche noi abbiamo naturalmente obblighi di rispetto e cura nei loro confronti.

✔ Innanzitutto il contratto: mettere in regola i collaboratori è obbligatorio per legge. Per le persone non italiane, inoltre, si tratta di una dimostrazione utile per ottenere la residenza. Dunque non siate timorosi, informatevi e rispettate i loro diritti.

✔ Meglio stabilire con precisione i compiti e gli orari della persona che vi aiuta. Può capitare però un fastidio di salute occasionale, che impedisce alla persona di servizio di svolgere un determinato lavoro, magari perché particolarmente faticoso. In questi casi, abbiatene ovviamente rispetto e siate inoltre comprensivi.

✔ Allo stesso modo può succedere un accidentale, comprensibile ritardo. Siamo sempre molto severi nel giudicare il lavoro altrui, ma quante volte capita a noi di ritardare? ricordatevene prima di arrabbiarvi.

✔ Capita a tutti di rompere qualcosa. Non innervositevi.

✔ Informatevi sui detersivi e sull'attrezzatura con cui si trova meglio. Se siete ecologisti convinti, cercate una mediazione tra l'obbligarla a usare aceto con tanto olio di gomito e il più inquinante tra i prodotti per le pulizie.

✔ La fiducia è fondamentale. Vietati quindi i patetici tranelli organizzati per verificare la correttezza della propria colf, tipo abbandonare distrattamente dei soldi in bella vista. Sono umilianti per chi li pensa prima ancora che per chi li subisce.

✔ Ricordate che esisterà sempre una differenza tra il vostro modo di intendere le pulizie e quello di altre persone. Spiegatevi con cura invece di lamentarvi e comunque siate comprensivi. Meglio ricevere istruzioni precise che lamentele dopo, così come è meglio ricevere un appunto che respirare dei sottintesi sgradevoli.

✔ Se la domestica è fissa, deve avere la possibilità di accedere al frigorifero tutte le volte che desidera. Se si tratta di una persona che presta servizio a ore, è carino da parte vostra offrirle un caffè se siete in casa, oppure farle trovare la caffettiera pronta e il necessario per servirsi.

✔ Si dice sempre grazie e per favore.

✔ Eventuali problemi o appunti si discutono in privato, mai davanti a terzi.

✔ Le persone di servizio sono tenute alla discrezione riguardo alle abitudini personali dei padroni di casa, ma sta anche a questi ultimi evitare di mostrarsi in situazioni imbarazzanti o abbandonare oggetti stravaganti e/o personali in giro per la casa.

✔ Se si vuole assumere domestici fissi, è indispensabile che abbiano una loro stanza personale, possibilmente con il televisore e il bagno, e la massima libertà possibile (ovviamente nel rispetto dei termini contrattuali).

✔ Se volete far indossare una divisa, meglio che la scegliate con la persona che dovrà usarla, in modo che non si senta costretta ma a proprio agio.

✔ Insegnate ai bambini il rispetto per chi vi aiuta in casa e seguite personalmente gli animali domestici, che non devono necessariamente piacere a tutti.

✔ Assolutamente doveroso pagare con puntualità e precisione quanto dovuto.

✔ A Natale, oltre alla tredicesima, è cosa carina far trovare un pensierino, che non sia ovviamente un grembiule nuovo o un piumino per spolverare.

Baby sitter

E BADANTI

Il termine inglese baby sitter, ormai nel nostro vocabolario comune da diverso tempo, significa esattamente "chioccia dei bambini". Inutile dunque cercare di appiopparle anche cani e anziani. Stare con i bambini è un compito molto difficile, faticoso e delicato, come sa chiunque ne abbia qualcuno. I bambini, soprattutto quelli più piccoli, sono adorabili e piacevolissimi, ma richiedono anche un forte impegno. Interpretare i loro bisogni, inventare passatempi in grado di sollecitarli e divertirli – al cui scopo non sono assolutamente utili i costosissimi, meravigliosi e coloratissimi balocchi multifunzione e iperspecializzati, generalmente più graditi al babbo che al bimbo – assecondarli nelle loro esplorazioni individuando per tempo eventuali pericoli significa rivoluzionare i propri schemi mentali di adulti per qualcosa di completamente diverso.

Le persone che decidono di accettare seriamente tale sfida meritano grande rispetto e un compenso adeguato. Sia che abbiate bisogno solo occasionalmente di una tata per i bambini, per esempio qualche sera al mese per concedervi un'uscita rilassante, sia che, in tempi di affollamento scolastico, decidiate di affidarvi quotidianamente a una persona per la cura del vostro tesoro mentre siete al lavoro, le regole sono le stesse.

✔ Massimo rispetto reciproco.

✔ Una volta indagato a fondo sulle referenze e le qualità della persona a cui lasciate il piccino, fiducia.

✔ Costanza. Non cambiate baby sitter di frequente, i bambini hanno bisogno di riferimenti fissi.

✔ Spiegazioni chiare su orari (la puntualità deve essere non solo sua nell'arrivare, ma anche vostra nel permetterle di andare via quando concordato), gestione degli spuntini (suoi e dei bambini), compiti (vanno anche accompagnati a nuoto-musica-judo-ceramica-festediamichetti-biblioteca?).

✔ Lasciate sempre più di un numero – se possibile, ovviamente – da chiamare in caso di necessità.

✔ Fate in modo di stabilire alcune ore di "inserimento", ovvero di conoscenza reciproca in cui siete in casa ma senza intervenire nel loro gioco (ore che vanno naturalmente pagate).

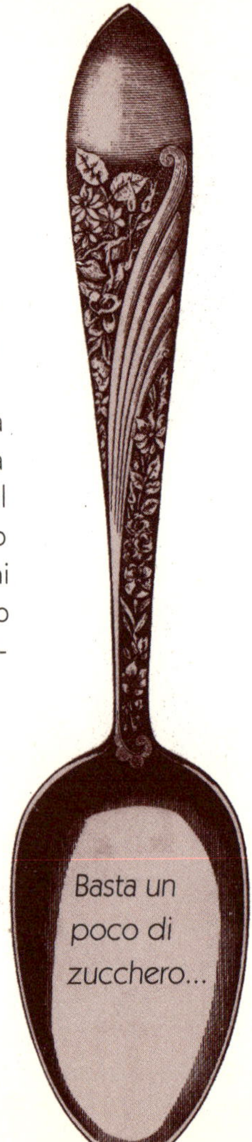

✔ Non tormentate la tata con telefonate continue per sapere ogni movimento del vostro bambino.

✔ Lasciate un po' di libertà sui metodi. Chiariti i principi fondamentali e i no assoluti nel momento in cui fate la vostra scelta, non pretendete poi che la baby sitter si comporti proprio come fareste voi. Ognuno ha il suo stile, ognuno le sue caratteristiche. Il bambino risulterà solo arricchito da tale diversità.

✔ Non siate gelose della tata, finireste per creare tensioni. Anche se passa più tempo di voi con il bambino, la mamma è insostituibile. Abbiate fiducia nella natura.

✔ Ovviamente anche in questo caso puntualità e precisione nei pagamenti e possibilmente un piccolo regalo o una ricompensa aggiuntiva a fine trattamento.

✔ Se la baby sitter rimane con voi a lungo, un regalo a Natale è doveroso.

✔ Naturalmente, da parte sua è necessaria una notevole discrezione nei vostri confronti; inoltre, niente estranei, nè telefonate a raffica.

I badanti non sono tate. Sono persone chiamate a prendersi cura dei nostri cari infermi o troppo anziani per stare da soli. Un compito importante e ancor più faticoso del precedente, visto che gli anziani sono – non sempre ma spesso – più pesanti e dunque più impegnativi da accudire dei piccoli. Oltre a quanto detto in precedenza per le tate dei bimbi, va aggiunta particolare attenzione all'attrezzatura che può alleviare la vita dell'anziano e anche quella di chi lo soccorre: bastoni, carrozzine e "comode", strumenti infermieristici, letti e biancheria speciali in caso di infermi.

Adorabili BESTIOLE

Che siano i migliori amici dell'uomo o no, i cani sono sicuramente tra i nostri più contigui – non in senso evoluzionistico, naturalmente – insieme ai gatti. Saper apprezzare gli animali, domestici o meno, è una ricchezza emotiva di cui giustamente cercare di godere. Riempirsi la casa di pappagallini, pesci, cavalli e scimmie una gioiosa libertà, condizionata solo dalla buona disciplina condominiale. Ma imporre i vostri beniamini ad amici e parenti è assolutamente fuori luogo. Se amate davvero i vostri piccoli ammassi di pelo, piume o squame, fate in modo che anche gli altri li apprezzino evitando di renderne la presenza un fastidioso obbligo. Ricordate inoltre che, nonostante il vostro "piccino" non farebbe mai male a una mosca, gli altri potrebbero comunque non esserne convinti o avere una legittima paura immotivata degli animali. Rispettate entrambi mantenendoli a distanza. Gli animali non sono oggetti da mostrare per divertimento, dunque non addestrateli come domatori circensi; allo stesso modo la discrezione verbale vi accompagni nell'evitare di dilungarvi sulle loro qualità ed eccellenze.

La prima regola d'oro da rispettare assolutamente: se i vostri animali sporcano, sta a voi pulire. È estremamente cafone e incivile trasformare marciapiedi e strade in gabinetti pubblici per animali. Mamme con carrozzine, disabili, distratti né nessun altro deve essere costretto dalla vostra incuria a prestare più attenzione all'asfalto che alle automobili.

Inoltre:

✔ quando avete ospiti fate in modo che la vostra adorabile bestiola non li importuni leccandoli, saltando loro addosso (o peggio!) o chiedendo cibo;

✔ posizionate con discrezione le ciotole di cibo: non tutti gradiscono la vista e/o l'odore di pastoni o peggio;

✔ la tavola è territorio riservato agli esseri umani. Almeno finché non siete soli;

✔ anche se ammessi dal regolamento condominiale, fate in modo che i vostri cuccioli non passino le giornate ad abbaiare;

✔ non indignatevi se i cani non sono ammessi in negozi e ristoranti ma rispettate i divieti;

✔ ciò che il cane rompe, il padrone paga;

✔ se invitati, non chiedete di portare con voi gli animali;

✔ se andate in vacanza, non chiedete a parenti e amici di passare a rifocillare le bestie. O le portate con voi – esistono numerose pubblicazioni che indicano campeggi e alberghi compiacenti – o pagate qualcuno che assolva a tale compito;

✔ gli animali non si regalano se non si è assolutamente certi di fare cosa gradita;

✔ nei parchi pubblici dove giocano bambini i cani devono sempre essere tenuti al guinzaglio, anche se di ottimo carattere. Meglio comunque portarli solo dove ci sono le aree riservate a loro;

✔ ultimamente si è poi diffusa la sconcertante abitudine di allargare ad animali feroci la propria preferenza, costringendo in malinconiche teche pitoni, ragni, iguane. Se proprio vi piace apparire stravaganti, dipingete la vostra stanza da letto di nero, indossate il maglione al contrario o usate un sacchetto della spesa al posto della borsa. Ma non mettete di mezzo altri esseri viventi.

Una piccola nota su un comportamento disumano
Esiste il divorzio dagli esseri umani, ma un animale è per sempre. Gli animali non si abbandonano. Mai!

Sui mezzi di

TRASPORTO

In aereo

Se un tempo l'aeroplano godeva di un fascino esotico tra i mezzi di trasporto, le tariffe *low cost* e l'intensificarsi dei problemi di scioperi lo hanno reso molto più "terreno". Anche nei modi: è sempre più comune imbattersi nell'inciviltà sopra le nuvole. Essendo un mezzo quasi sempre, per evidenti motivi economici, stipato di persone, come in ogni situazione di sovraffollamento è facile scontrarsi con la mancata cortesia altrui.

✔ Non fare i furbi con il bagaglio a mano. È fastidioso per tutti aspettare che la propria valigia faccia la sua comparsa su quel lentissimo nastro trasportatore, magari dopo dodici ore di volo, ma è altrettanto inutile tentare di far passare un baule per *beauty case*. Senza contare che lo spazio dei bagagliai di cabina è sempre ridotto.

✔ Ci si spoglia solo dopo che sono passati tutti, e non nel corridoio impedendo il passaggio agli altri. Anzi, meglio se possibile togliere il cappotto prima di salire a bordo.

✔ Scegliere. O il finestrino, o una facile mobilità. Non si può tormentare il prossimo alzandosi in continuazione una volta che ci si è posizionati per godere il panorama.

✔ Non inclinare troppo il sedile. A differenza della *business*, la classe turistica è straordinariamente parca di spazio. Se decidete di stendervi, sappiate che i vostri capelli finiranno per fare da "fiero pasto" al passeggero dietro di voi.

✔ Allo stesso modo, ricordarsi di contenere l'estensione del proprio giornale. Forse al vicino non interessa leggere i fatti del giorno.

✔ La paura sull'aereo è legittima quanto inutile. O non lo prendete o, se sceglete di affidarvi, fatelo completamente. Di sicuro il capitano sa condurre il velivolo meglio di voi. Ingoiatevi un tubetto di tranquillanti e smettetela di sussultare a ogni vuoto d'aria.

✔ Se siete vegetariani, veganiani, macrobiotici, o qualunque altra filosofia alimentare seguiate, avvertite in anticipo (al momento della prenotazione è l'ideale) la compagnia aerea, che provvederà a ordinare un pasto specifico. Evitate di discutere con il personale di volo quando ormai è troppo tardi. Non ci sono le cucine a bordo.

✔ Se il vicino sceglie di dormire, rispettare il suo riposo evitando di ridergli nelle orecchie mentre guardate la commedia più esilarante mai proiettata su un intercontinentale.

✔ Quando si atterra, aspettare il proprio turno per scendere, invece di intasare il corridoio o piegare il collo a 90 gradi sotto gli sportelli portaoggetti infastidendo chi deve ancora aprirli.

In treno

Sono sicuramente più veloci e forse addirittura un po' meno in ritardo, i treni del nuovo millennio. Di sicuro sono più scomodi.

Quei bei vagoni in cui allungare le zampe, con sedili profondi e braccioli imbottiti anche in seconda classe ora sono solo un ricordo. Posti da quattro, in cui stare rigidamente impettiti anche per un Milano-Roma alle 5.00 di mattina, che sicuramente incoraggiano il contatto interpersonale, quantomeno quello tra le ginocchia, con tavolini da condannati e un cestino della spazzatura utile forse per contenere quel mazzolin di fiori. In tanto poco spazio, il rispetto è doveroso.

✔ Non invadete tutto lo spazio sopra i sedili con i bagagli, ma lasciate una zona libera anche per gli altri. Le valigie ingombranti vanno sistemate nell'apposito ambiente all'inizio del vagone.

✔ Sedendosi (o entrando nel vagone, se di vecchio tipo), si salutano i compagni di viaggio.

✔ Non è più consentito fumare, nemmeno sulle piattaforme, nemmeno in bagno. Non fatelo.

✔ Non urlate nel cellulare.

✔ Non importunate a tutti i costi il vostro vicino che preferiva leggere o pensare ai fatti suoi.

✔ Offrite solo cibi incartati (non i panini con la cotoletta).

✔ Non toglietevi le scarpe.

✔ Se siete pendolari, ricordatevi che non tutti hanno il vostro sprint di *habitué* la mattina alle 5.00. Abbassate il tono di voce.

✔ Se usate il computer, fate attenzione a non infilare i gomiti nel petto del vicino mentre scrivete.

✔ Se desiderate dormire, procuratevi un cuscino da collo, onde evitare di scivolare sul vicino o, peggio, di crollare con naso sulla struttura portatavolini.

✔ Se volete mangiare, abbiate pietà e rimanete nella carrozza ristorazione. Nemmeno l'acqua sarebbe ammessa, a meno che non vogliate tenervi la bottiglia rigorosamente in mano fino alla fine del viaggio. Non sono infatti previsti spazi dove appoggiarla.

✔ Se volete ascoltare della musica, ricordatevi di tenere il volume basso anche con cuffie o auricolari, perché si sente praticamente tutto lo stesso.

✔ Se volete leggere un libro, sceglietevi uno di taglia piccola.

✔ Se volete leggere un quotidiano, scordatevelo.

✔ Quando si scende, si saluta e si augura buon viaggio a chi prosegue.

Sui mezzi cittadini

Dura lotta, quella quotidiana su autobus, tram e metropolitane all'ora di punta. Ma come in ogni combattimento leale, bisogna rispettare alcune regole.

✔ Il biglietto va pagato sempre. Se il prezzo è troppo alto si organizzano delle manifestazioni, si protesta per scritto, si creano comitati. Ma non pagare il pedaggio è una furberia travestita da ribellione. E furbo non è un aggettivo positivo.

✔ Se l'autista ci ha aspettato qualche attimo prima di partire, vedendoci arrivare di corsa, è buona educazione ringraziarlo. Va ricordato però che non è possibile aprire le porte lontano dalla fermata, per regolamento. È una questione di sicurezza dei passeggeri.

✔ Il senso di circolazione va rispettato. Se sull'autobus ci sono le porte per salire e quelle per scendere (non sono visibilmente diverse, dovete controllare gli adesivi con le frecce o con i divieti d'accesso), cercate di utilizzarle correttamente. Chiedete permesso per tempo e arrancate verso l'uscita.

✔ Esistono posti riservati ad anziani, persone in difficoltà fisica e signore in dolce attesa. Rispettate quelli di sicuro e magari andate oltre. Se siete giovani e forti e sedete in un posto non riservato, ma vedete un anziano che ondeggia pericolosamente a ogni fermata, rinunciate al vostro posto. Attenzione solo se si tratta di signore di incerta età: spesso un viaggio in piedi è preferito alla ferita nell'orgoglio che provoca l'essere considerate troppo anziane per stare in piedi.

✔ Non si origliano i discorsi degli altri. Allo stesso modo, le conversazioni non devono essere troppo personali, e soprattutto non si parla ad alta voce.

✔ Non si legge il giornale del vicino, né si spalanca il proprio quotidiano.

✔ I ragazzi appena usciti da scuola dovrebbero fare particolare attenzione ai loro ingombrantissimi zaini. Le persone sedute sono proprio ad altezza decapitazione.

✔ Anche gli adulti con ombrelli e impermeabili fradici dovrebbero cercare di inumidire il prossimo il meno possibile.

✔ In metropolitana, quando si aprono le porte ci si dispone ai lati delle uscite per lasciare libero il passaggio a chi deve scendere. Solo dopo si può entrare.

✔ Fare particolarmente attenzione ai bambini. Sono piccoli e spesso nella calca non si notano. Se sono vostri, fate attenzione se cominciano a "puntare" qualcuno. Stanno sicuramente per fare un'osservazione su qualche aspetto strano della persona che guardano, in un modo che – si può scommettere – vi farà desiderare di possedere una pala per sotterrarvi seduta stante.

✔ Sempre i bambini, che non pagano il biglietto, devono essere tenuti in braccio e non occupare un posto intero.

In automobile

Argomento delicatissssssimo! Riuscire a mantenere un discreto grado di buona educazione in automobile pare una delle imprese più impossibili del terzo millennio. Fino a qualche anno fa chi frequentava la scuola guida poteva avere l'occasione di gustarsi un cartone animato – in realtà un vero e proprio documentario, vista la veridicità del contenuto – in cui il protagonista Pippo subiva una inquietante trasformazione, una volta salito in macchina, da garbato pedone ad automobilista indiavolato. Gli spettatori non ancora in possesso di foglio rosa si divertivano alla proiezione, ignari che la trasformazione stevensoniana messa in scena era una puntuale descrizione di quello che stava per avvenire a ognuno di loro, o almeno a quelli che avrebbero passato l'esame.

Se è vero che le città odierne sono la giungla dell'uomo occidentale, l'automobile è il meccanismo che innesta il processo di involuzione, da *homo sapiens* a primate. Anche la persona più mite, una volta afferrato il volante diventa un potenziale profilo criminale, quanto meno a parole.

Sostanzialmente, il sedile dell'automobile riesce a smuovere più fratture psicologiche di quanto non possa il lettino del più abile junghiano. È alla guida della propria vettura che ciascuno svela i suoi istinti primordiali peggiori, scatenando la violenza insita in ciascuno e liberando l'energia compressa da una quotidianità stressante, peggio che in curva (dello stadio, s'intende in questo caso). Fino a che è inverno, i danni sono limitati dall'effetto acquario che sortiscono i finestrini alzati, dietro ai quali bocche si spalancano minacciose in imprecazioni più facili da interpretare di quelle dei calciatori a un rigore negato, canini scintillano ringhianti e dita si alzano solitarie a suggerire indicazioni d'uso improprie degli altrui reconditi pertugi. Ma d'estate il rischio di maleducazione stradale è nettamente potenziato dall'udito. Oltre ad auspicare per tutti un impianto di condizionamento dell'aria anche in macchina, procediamo a ricordare alcuni imprescindibili atteggiamenti da usare *on the road*. Anche in auto, in fondo, basterebbe aggiungere un po' di attenzione agli altri, oltreché alla strada, per raggiungere un migliore equilibrio civile. È vero che le regole che si studiano per ottenere la patente (ricordate? Quel librettino con un sacco di punti interrogativi) dovrebbero essere tutte rispettate perché tutte utili per una più corretta e meno pericolosa fruizione dell'automobile, ma è altrettanto vero che in realtà ognuno di noi ricorda solo le norme principali, approssimando il resto a seconda dei vigili posizionati in zona.

All'esterno

✔ Innanzitutto le frecce. Tra tutti gli obblighi che ci vengono impartiti per un corretto comportamento in strada, l'utilizzo delle frecce è uno dei più ignorati, nonostante rappresenti la prima forma di attenzione e quindi di buona educazione nei confronti degli altri. Mettere la freccia è un gesto tanto disatteso quanto indispensabile, una carineria che oltre a evitare diverse occasioni di incidente consente agli altri dietro di voi di individuare con maggiore chiarezza le vostre intenzioni. Infine, PRIMA si segnala, POI si rallenta.

✔ Uccidere un pedone è reato. Sembra banale ricordarlo, ma chiunque guardi una qualunque scena di traffico mattutino in una grande città rischierebbe di dubitarne. Il pedone c'era prima delle auto, degli scooter, dei camion, delle moto. Abbiate rispetto. Fermarsi poi per lasciare attraversare le persone in attesa sulle strisce è una cortesia che fa tanto *british* da non osare sperarci.

Corollario alla precedente: la mancata attenzione al pedone ha scatenato ultimamente alcuni comportamenti tendenzialmente eccessivi. Il primo è quello che vuole fare il controcorrente e inchioda a tutti i costi appena vede qualcuno anche solo avvicinarsi vagamente alle strisce, ancora indeciso se attraversare o no. Il secondo è quello del pedone che si lancia sulle strisce con la boria attaccabrighe di chi si appropria di un diritto troppo spesso negato, procedendo a una lentezza esasperante con occhio di sfida pronto a reagire in modo bellicoso a una qualunque rimostranza. In entrambi i casi, fate meno. È più utile alla causa.

✔ La velocità di crociera. Tra il superare i limiti imposti dalla legge e l'eccesso di zelo nel rispettarli, rimanendo una quarantina di chilometri l'ora sotto ogni possibilità, esiste una via di mezzo che si chiama normalità. Se amate andare particolarmente piano, se non siete sicuri della vostra guida, cercate di stare il più possibile a destra (non in Inghilterra) e non meravigliatevi se ogni tanto qualcuno vi strombazza. Detto questo, se siete in ritardissimo tutti andranno troppo piano ai vostri occhi, dunque calma e sangue freddo. Impiegate semmai il tempo a inventarvi qualche scusa decente.

✔ Anche i ciclisti occupano un volume. Minore rispetto a quello di un'auto, vero, ma pur sempre uno spessore di rispetto. Questo vale per gli automobilisti che tendono a dimenticarsi della loro esistenza, spalancando portiere all'improvviso o stringendoli contro il muro mentre procedono con loro accanto, ma anche per i ciclisti stessi, che spesso e volentieri bucano stop e precedenze pensando di essere sottili come fogli di carta, regalando invece scompensi cardiaci e brusche frenate a chi sta in macchina, oppure si muovono amabilmente affiancati a due o addirittura a tre, gustandosi il paesaggio e commentandolo con i compagni di giro mentre dietro di loro si creano chilometri di coda peggio che al casello di Milano sud il primo di agosto.

✔ Il parcheggio. È in questa occasione che emerge maggiormente l'inciviltà recondita (neanche troppo) e il menefreghismo dell'uomo urbano. L'atrofizzazione dei muscoli delle gambe del nostro genere è ormai a uno stadio tale che al confronto i polli volano come falchi. Dunque è necessario per ogni essere umano dotato di automobile arrivare a parcheggiare la medesima esattamente di fronte al luogo in cui si devono recare, per una distanza massima di passi due. Ciò causa inevitabilmente dei disagi notevoli per gli altri automobilisti che devono solo passare, senza contare i più penalizzati in assoluto: le persone in carrozzella e le mamme con i bimbi piccoli. Cercando di smuovere il proprio egoismo pensando almeno a loro, ricordiamo che:

✔ non si parcheggia sulle strisce pedonali;

✔ non si parcheggia sui marciapiedi;

✔ non si parcheggia davanti alle discese dei marciapiedi;

✔ non si parcheggia in curva;

✔ non si parcheggia in doppia o tripla fila (e ci fermiamo qui per decenza);

✔ non si parcheggia sopra o troppo vicino ai binari del tram.

Le città sono sempre più piccole per la quantità di auto in movimento, il traffico in costante aumento, eppure le dimensioni delle automobili sono sempre maggiori. Sembra che l'invidia del pene freudiana si sia trasferita sull'automezzo di casa. In particolare, tanto inferiore è il numero di bambini da caricare su un'auto, tanto maggiori saranno le dimensioni della stessa. Il massimo viene raggiunto dalle donne giovani senza figli né cani, perennemente fuori a cena, orgogliose proprietarie di sovradimensionate station wagon/fuoristrada. Tali furgoni sono particolarmente difficili da parcheggiare, e dunque o vengono abbandonati dove capita con quattro frecce, o vengono parcheggiati "a orecchio" (sulla base cioè del rumore di lamiera). Se si lascia l'auto con quattro frecce in posizione irregolare – occasione che dovrebbe verificarsi raramente in un anno – ricordarsi di prestare attenzione ed essere pronti allo scatto per spostarla. Ricordate sempre che gli altri possono avere urgenza di muoversi.

✔ I principianti. Si sa, le macchine dell'autoscuola fanno al massimo i quindici all'ora. Ognuno di noi ne è consapevole, ognuno è rassegnato quando se ne trova una davanti. Del resto ci siamo passati tutti, forse anche Schumacher. Ma esiste una forma di principiante non dichiarato che è capace di infastidire anche il più pacato degli automobilisti. È legittimo non saper guidare ancora tanto bene, prudente e consigliabile andare piano. Ma almeno che si metta una bella P dietro, così tutti gli altri si possono regolare.

✔ Gli abbaglianti. Si usano in montagna, nelle stradine buie di campagna, nelle notti senza luna e in mancanza di illuminazione sufficiente. NON sono uno strumento per intimorire il prossimo mentre gli si piomba alle spalle in autostrada con un bolide da sbruffoni a un centinaio di chilometri circa oltre il limite.

✔ Il telefono. O vi comprate l'auricolare, oppure subite gli auguri peggiori che vi rifila quello dietro perché state cambiando più lenti di un'era geologica. Comunque non si sta al telefono a chiacchierare, mentre si guida, perché la disattenzione è assicurata.

✔ Ultimo caso di vistosa maleducazione al volante, il finestrino. Se abbassato, serve per far entrare aria fresca, per asciugare i capelli lavati di corsa o per annusare il profumo di primavera quando si attraversa la campagna in maggio. Entrare. Tendenzialmente non dovrebbe fuoriuscirne nulla. Tantomeno cartacce e spazzatura varia. In ordine di maleducazione, i fumatori vincono di gran lunga la competizione: con la precisione metodica con cui un ecologista ricicla ogni cosa, essi sono in grado di gettare dall'auto in corsa ogni parte inutile che riguardi la propria passione, dalla plastica trasparente che avvolge il pacchetto alla cenere accumulata nel posacenere (che fosse solo quella...), dal filtro all'intero pacchetto vuoto e accartocciato. Professionisti della zozzura, non hanno ben capito che il resto del mondo che sta fuori dall'abitacolo non è esattamente un enorme cassonetto. Anche gli *habitué* della gomma da masticare salgono sul podio, con lanci articolati onde evitare il ritorno in cabina della pallina disgustosa, seguiti da presso dai parenti stretti, gli scartatori di caramelle, che naturalmente non immaginano che si possa buttare la carta che avvolge il confetto nel posacenere dell'auto. A tutti costoro ricordiamo che usare le strade come immondezzaio comune è pratica medievale e altamente cafona.

All'interno

Esiste poi un codice di comportamento da tenere anche all'interno dell'abitacolo, che generalmente si tiene poco in considerazione (mai quanto quello precedente, comunque).

✔ Se state portando qualcuno, ricordatevi di comportarvi educatamente come se lo ospitaste in casa vostra. Dunque domandate prima di abbassare il finestrino se la cosa dà noia e regolate il volume di radio e riscaldamento secondo le preferenze comuni. Se portate una donna è cortesia gradita e mai desueta aprirle la portiera, almeno dall'interno, per farla salire.

✔ Se state ricevendo un passaggio, ricordate di allacciare le cinture di sicurezza (i punti li tolgono al guidatore), di portare avanti il sedile se qualcuno si accomoda dietro di voi in modo da fargli maggiore spazio e di non parlare al conducente per avvertirlo di ogni pericolo incombente. O vi fidate oppure no:

nel secondo caso, o evitate di salire in macchina o, se proprio non potete farne a meno, affidatevi a un santo protettore. Ma fate in modo di non tormentare tutti con urla improvvise. Allo stesso modo, prima di indicare la strada, accertatevi della vostra capacità di discernere la destra dalla sinistra.

✔ Se state per sedervi sul sedile posteriore, non scorrete per far posto ad altri, che saliranno dal lato opposto.

✔ In qualunque compagnia siate – anche dello zio centenario un po' duro d'orecchi – evitate di sfruttare al massimo le potenzialità dei *subwufer* facendo vibrare non solo la vettura ma l'intero quartiere che attraversate. È un'esibizione meno che adolescenziale davvero penosa.

✔ Se siete da soli, infine, non approfittatene per abbandonarvi a pratiche di scavo nasale-pettinatura&trucco-pulizia orale. I finestrini sono trasparenti e voi siete disgustosi.

Arredamento

Considerate l'interno della vostra automobile come quello della vostra abitazione. Dunque cercate di renderlo confortevole ma non grottesco.

Non ce ne vorranno i nostalgici del kitsch anni Settanta, ma i sedili di pelo fanno letteralmente rabbrividire per l'orrore. Allo stesso modo, evitate ciondoli appesi allo specchietto retrovisore, pupazzi, rosari, santi protettori. I classici portafotografie con moglie e figli incorniciati in un sospirante "non correre, pensa a noi" sono provvidenzialmente scomparsi come i film nazional popolari dell'epoca a cui appartengono, mentre vanno ancora sfortunatamente molto di moda gli adesivi pubblicitari di mete turistiche e/o sciistiche, generalmente non più mondane da almeno dieci anni, associazioni filoanimalistiche, filosportive, filoradiofoniche. In realtà l'unica concessione ammessa alla valanga di adesivi è quella per gli ammonimenti a prestare maggiore attenzione causa bimbi a bordo. Il più essenziali possibile.

In barca

Anche in questo caso, vale il discorso già fatto sugli spazi vitali ridotti all'osso. Sulle imbarcazioni, barche a vela o yacht che siano, la possibilità di manovra è sempre proporzionalmente ridotta rispetto a quanto siamo abituati a terra. Dunque la buona educazione diventa indispensabile per non abbandonare cadaveri galleggianti al largo. Essere amici da molto tempo e godere di un certo affiatamento può aiutare, ma non è sufficiente, così come una compagnia eterogenea raccolta per l'occasione può rivelarsi la migliore possibile. L'unica condizione utile è quella di rispettare con estrema educazione gli altri, il capitano e lo spirito della navigazione.

Innanzitutto va sempre ricordato che una vacanza in barca è – nell'ambito delle possibili variazioni di misura – pur sempre una vacanza sportiva. Dunque evitate di mettere in valigia un guardaroba eccessivamente elegante. Per la medesima ragione, se siete tipi troppo formali esimetevi dall'accettare inviti in barca a vela, dove la vita necessariamente tende a essere più spartana e la confidenza maggiore.

Il piacere di uno soggiorno in barca è qualcosa di cui tutti, a parte chi soffre di mal di mare, possono godere facilmente, senza necessariamente intendersi di spinnaker, boma o bolina. Quindi se invitate qualcuno sulla vostra imbarcazione non obbligatelo a imparare tutti i movimenti e il curioso quanto complicato vocabolario dei velisti, né ammorbatelo con discorsi e dimostrazioni di destrezza non richiesti. Condividere la propria passione per il mare non significa costringere i propri ospiti a un corso accelerato di navigazione. Allo stesso modo, se siete ospiti o viaggiate con persone che non conoscete non cercate a tutti i costi di dimostrare la vostra partecipata conoscenza dell'argomento intromettendovi nell'affiatata orchestrazione delle manovre dell'equipaggio o consigliando il capitano sulla direzione dei venti solo per sfoderare una manciata di assurdità.

Alcune regole di base

☞ Togliersi sempre le scarpe sul ponte.
☞ Chiedere sempre se c'è acqua prima di fare la doccia.
☞ Tenere rigorosamente in ordine le proprie cose.
☞ Fare straordinaria attenzione a non rovinare l'imbarcazione (per esempio ungendosi con protezioni che possono macchiare il legno o far scivolare, oppure graffiando la tolda con strani aggeggi usciti dalla borsa).
☞ Ricordarsi che babordo è sinistra, tribordo è destra.

Se sull'imbarcazione con voi c'è un piccolo equipaggio – solitamente marinaio e cuoco oltre al capitano – ricordatevi di fare i complimenti al cuoco, di non infastidire con continue richieste di spostamenti o di aiuto per mettere in acqua canoe, windsurf o tender per giretti in zona, e di lasciare loro una buona mancia alla fine della vacanza. L'equipaggio è personale specializzato, che ha ritmi e abitudini ben precise, dettate da una profonda conoscenza del mare. Sta a voi quindi rispettare le loro direttive, anziché il contrario, entro i limiti del possibile. Senza doverli necessariamente coinvolgere nella vostra vacanza – loro stanno lavorando – cortesia e disponibilità sono doverose. Se non c'è personale a bordo oltre allo skipper, il lavoro di cambusa andrebbe regolato secondo turni. Certo, se non siete degli assi ai fornelli offritevi piuttosto di riordinare e lavare i piatti. È gentile inoltre proporsi di collaborare con il capitano per le manovre, seguendo eventualmente le sue direttive con molta precisione e velocità, senza voler strafare, né imporvi se preferisce agire da solo.

Se il capitano della barca è un vostro amico, un bel regalo è doveroso: potete consegnarglielo appena arrivati o acquistare qualcosa di piacevole in una delle tappe a terra previste durante la vacanza. Il regalo dovrebbe essere in tono con il tipo di vacanza, quindi informale e sicuramente mai un oggetto d'argenteria. Meglio semmai qualcosa che possa rimanere sull'imbarcazione e che dunque si intoni perfettamente con il suo stile. Naturalmente a ogni discesa sarà il turno del capitano di essere ospite vostro.

Se siete su una nave da crociera e il capitano vi invita a cena al suo tavolo, non dovete portare nulla. Si tratta infatti di un ufficiale in servizio e l'invito fa parte del normale cerimoniale.

Infine, in mare non si getta nulla. Nemmeno se è biodegradabile.

Le regole di un buon VICINATO

Forse in questo gli americani sono più bravi di noi. Nei telefilm più popolari, i vicini di casa sono solitamente simpatici e disponibili ad aiutare, pronti ad accogliere i nuovi arrivati con una torta di mele o un orrendo pasticcio di carne – senza contare che ce n'è sempre qualcuno con i bicipiti lustri e lo sguardo ceruleo incredibilmente senza fidanzata.

La nostra realtà è generalmente meno esaltante, come potrebbe confermare un qualunque amministratore condominiale: discussioni, maleducazione ed egoismo sembrano imperare quasi ovunque. Esistono direttive condominiali, stabilite in assemblea, che vengono regolarmente disattese, e piccole scortesie non regolamentate che sono sintomo di egoismo e villania. Eppure basterebbe poco per una funzionale e civile convivenza.

In effetti il microcosmo-palazzo riflette il mancato senso civico diffuso in città. Ognuno pensa per sé – per i propri spazi in questo caso specifico – e non si cura minimamente di ciò che è in comune. Vero è che spesso non si tratta di cattiveria ma solo di un po' di disattenzione nei confronti degli altri. Colpevole ma non irreparabile. Riuscire a comunicare le proprie ragioni in modo educato è un ottimo mezzo per cercare di risolvere le questioni. Se le persone sono, come normalmente accade, semplicemente disattente, si scuseranno e faranno in modo di cambiare le proprie cattive abitudini.

Questo naturalmente vale anche per noi: se ci viene fatto notare un comportamento che dà fastidio, dobbiamo essere pronti ad accettare le ragioni altrui, venendosi incontro cortesemente, scusandosi e modificando il comportamento. Se si ha a che fare con persone villane però... la questione si complica. Ma cerchiamo di essere positivi, e soprattutto costruttivi. Ecco a cosa prestare particolare attenzione.

Spazi comuni

Come dice il nome, sono spazi che appartengono a tutti. Non il suo contrario, cioè di nessuno. Se a qualcuno appartengono, è bene che, esattamente come l'abitazione di ognuno, siano tenuti puliti e in ordine.

Dunque rispettare i turni per le pulizie, se non c'è un portinaio o non sono state appaltate a una ditta esterna, e non lasciare nulla fuori posto. Per lo stesso principio, lo spazio non appartiene a nessuno in particolare, e come tale non è educato trasferire parte del proprio sgabuzzino sul pianerottolo accanto alla porta.

Silenzio

L'inquinamento acustico sta diventando un serio problema delle moderne metropoli. Ma non è nulla in confronto alla tortura di seguire con l'orecchio ogni passo del vicino del piano di sopra che non si toglie le scarpe in casa. Dai tacchi a spillo alle chanel di cuoio, per non parlare degli odiosissimi zoccoli, le passeggiate che si ascoltano dal soffitto possono essere davvero moleste. Esistono mille soluzioni in commercio per ovviare comodamente e discretamente al tramestio sul pavimento: sfruttatele.

Attenzione anche alle sedie: feltrini e gomme da applicare sotto le gambe dei mobili eviteranno quei rumoracci da inchiodata in autostrada che si sentono ad ogni spostamento.

Stereo e televisione vanno tenuti a un volume ragionevole. Può capitare la festa o il ritrovo in cui si alza leggermente il tono della conversazione e della musica, ma che rimanga un'eccezione. Cortesia vorrebbe che in occasione di una festa particolarmente affollata ci si presentasse in anticipo per avvertire i vicini immediati, magari con un fiore per scusarsi del disturbo.

Per le scale o in attesa dell'ascensore tenete sempre un tono di voce moderato. Gli ampi spazi fanno eco e i suoni arrivano moltiplicati nelle case dei vicini. Abbiate accortezza di non fare molto rumore specialmente se nel palazzo abitano persone anziane o malate, bambini piccoli o persone che fanno turni di notte. Comunque almeno nelle prime ore del pomeriggio dovrebbe essere rispettato un periodo di silenzio, così come dopo le 9.00 di sera fino alla stessa ora la mattina. Capita poi l'occasione in cui, per ristrutturazioni o lavori di manutenzione, è inevitabile infastidire i vicini con rumori, a volte anche forti. Fate in modo che i lavori durino il meno possibile – mai nel fine settimana – scusatevi con le persone che abitano accanto e fate loro sapere con esattezza la durata dell'incomodo.

Balconi

Dai balconi e dalle finestre non deve uscire nulla. Le aperture di scolo dei balconi e dei terrazzi servono unicamente per lasciar fluire l'acqua piovana, e niente altro. Anche se il vicino del piano di sotto emana cattivo odore non innaffiatelo insieme alle piante per suggerirgli di pulirsi di più.

I fiori e le fioriere vanno posizionati all'interno del balcone, mentre esterni rimarranno solo i ganci. Badate che può essere davvero pericoloso se, per qualunque motivo, qualche parte della pianta o del vaso dovessero cadere di sotto.

Infine le tovaglie vanno scosse all'interno, così come i tappeti, e la polvere spazzata dal pavimento va raccolta e gettata nell'immondizia, non giù dal balcone. A voi farebbe piacere trovare le briciole di pane degli altri sulla vostra biancheria appena stesa o peggio sulla vostra testa?

Infine, i soliti mozziconi di sigaretta. Non si gettano mai in giro, tantopiù dalla finestra di casa o dal balcone, dove la pattumiera o il posacenere sono sicuramente in zona. Doppiamente cafone chi li lancia in simili condizioni.

Piccole attenzioni

☞ Chiudere sempre il portone di casa. Buon per voi se non temete gli intrusi, ma abbiate rispetto per chi invece è più diffidente.

☞ Non chiudetelo però sulla faccia del vicino che sta entrando dopo di voi. Tenere aperta la porta anche a lui è un gesto di cortesia che non costa nulla ma che mantiene in buono stato i rapporti.

☞ Non immischiarsi nelle faccende altrui, ma nemmeno ignorare gli eventi più felici o evidenti come una nascita, un matrimonio, un incidente.

☞ Presenziare alle riunioni di condominio. Sono noiosissime, è vero, ma non si può mancare sempre. Sono tra le poche occasioni di confronto specifico con i vicini che si hanno.

☞ Se si apre inavvertitamente la posta altrui, perché finita per errore nella nostra cassetta delle lettere, portarla immediatamente al proprietario scusandosi o, in caso di rapporti formali, inserirla nella corretta cassetta avendo cura di scrivere sulla busta una piccola nota: "aperta per errore".

Allarmi

Migrata dai cruscotti delle automobili, la grande moda degli allarmi è ora approdata agli appartamenti. Ne esistono di vario tipo, ma noi prenderemo in considerazione solo i più fastidiosi, e quindi da sconsigliare: quelli sonori. Quelle sirene odiose che anche la banda dell'Ortica saprebbe mettere fuori uso, a differenza dei proprietari che riescono ad attivarli ogni qualvolta rientrano in casa.

Non si è capito se i dispositivi siano programmati per farlo apposta – una sorta di controllo casuale preventivo – ma è matematico che non possa trascorrere troppo tempo senza che partano apparentemente a vuoto. Ormai anche i venditori di simili aggeggi infernali non hanno più il coraggio di definirli intelligenti. Senza voler dipingere un quadro di desolante menefreghismo, ci si domanda inoltre quale intrepido vicino si avventurerebbe a cacciare gli eventuali ladri, la volta in cui il benedetto allarme dovesse davvero entrare in funzione a ragione. O forse il sottile (nel senso di labile, non di acuto) meccanismo psicologico è quello di far spaventare l'eventuale malintenzionato facendolo fuggire tremante di paura? Più probabilmente lo si farebbe fuggire per il frastuono da perforazione del timpano. A ogni modo, si consiglia piuttosto di far montare da un fabbro solide inferriate, che se ben lavorate risultano anche belle, oppure di ripiegare su un allarme silenzioso collegato a un servizio di sicurezza. Per questioni di buon vicinato, ma anche di buon senso.

In ascensore

L'ascensore è un luogo molto particolare. Il poco spazio a disposizione spesso costringe a contiguità eccessive indesiderate, e a una riduzione drastica – se non l'annullamento – dello spazio vitale minimo indispensabile per un buon equilibrio interno. Anche qui, pertanto, (anzi, qui più che mai) le regole di buona educazione vanno rigorosamente rispettate.

✔ Se incontrate persone dentro o uscendo dall'ascensore, salutatele sempre.

✔ Gli uomini con il cappello in testa devono levarselo.

✔ Chiedete il piano a cui gli altri devono scendere e, se l'ascensore è a prenotazione, schiacciate anche il loro pulsante. Altrimenti, rispettate l'ordine numerico dei piani, anche se siete saliti per primi e vi toccherà scendere per ultimi.

✔ Non leggete la targhetta dell'ascensore, anche se non sapete che fare. Il silenzio può essere imbarazzante, ma il finto interesse per la capienza del mezzo è ridicolo.

✔ Anche se il tragitto è lungo, non sentitevi obbligati a una conversazione con le persone inscatolate con voi, ma fatelo solo se davvero ne avete voglia. Se l'altro risponde a monosillabi, lasciate perdere.

✔ Non fumate anche se non fosse espressamente vietato.

✔ Se l'ascensore si blocca, non fatevi prendere dal panico, suonate l'allarme e cercate di avvertire chi sta fuori dell'inconveniente. Se con voi ci sono persone che soffrono di claustrofobia, provate a distrarle raccontando qualche aneddoto.

✔ Non gettate nulla in terra.

✔ Non fate movimenti bruschi che potrebbero far spaventare chi è con voi.

Appartamento in condivisione

È una situazione pratica in cui si trovano spesso i giovani, lontano da casa per motivi di studio o per impieghi a tempo determinato, o semplicemente costretti a fare i conti con gli affitti sempre più improponibili. Non è facile condividere un appartamento. Anche gli amici più cari, costretti a una vicinanza intensa, potrebbero avere qualche problema. È importantissimo chiarire da subito i termini della convivenza, la divisione dei compiti e degli spazi, i turni di pulizia e le insofferenze assolutamente inconciliabili. Chiarirle prima di traslocare, si intende. Inoltre, se non si è persone inclini alla tolleranza e alla conciliazione, l'ipotesi della condivisione dell'appartamento è probabilmente da scartare. Infine, è quasi indispensabile che ognuno abbia una sua stanza.

La simpatica immagine che alcuni si dipingono della condivisione, con compagni di appartamento che accumulano piatti sporchi, cartoni di pizza e allevano funghi nel cesto della biancheria sporca, non corrisponde realmente ad alcuni tra i principali piaceri della vita, quando trasmigrano dai film al proprio quotidiano. Dunque, per evitare di far concludere amicizie peggio che i divorzi tra miliardari e belle donne:

✔ rispettare i patti e i turni di lavoro;

✔ rispettare gli orari di riposo degli altri;

✔ non invitare sempre tutti gli amici, e comunque informare sempre prima i vari compagni di appartamento;

✔ non invadere il territorio altrui;

✔ non approfittare mai delle scorte alimentari altrui;

✔ non approfittare della condivisione delle bollette per trascurare di spegnere le luci, stare ore al telefono, fare docce infinite;

✔ non disturbare gli altri con rumori eccessivi;

✔ non permettere ai propri animali domestici di lasciare la propria stanza (unica eccezione: i pesci. Nel senso – ovviamente – che un acquario può stare anche negli spazi comuni);

✔ non dimenticare in bagno oggetti o indumenti troppo personali.

Home, sweet home!

Tutti in

VACANZA

La vacanza è un piacere che concedete a voi stessi. Non una conquista sociale da sbandierare agli altri. Esiste invece questa sorta di gara alla soddisfazione, per cui ostentare abbronzature invidiabili conquistate in luoghi di villeggiatura dalle mille e una notte è l'unico modo per godere davvero della propria scelta. La verità è che spesso la vacanza diventa un obbligo così faticoso che si torna da un viaggio più stanchi di quando si era partiti. Il famoso *otium* – necessario periodo di pausa dalle attività di qualunque genere per permettere alla mente di ristorarsi e pensare – tanto decantato dai Latini trova poco spazio nelle fitte tabelle di marcia dei vacanzieri del ventunesimo secolo, ossessionati dal rendimento. Anche le vacanze diventano allora un investimento, o almeno un tempo da riempire di cose da fare al posto del lavoro per non rischiare di riflettere troppo. Il risvolto peggiore di tale proposito consiste nello sfoggio a posteriori: tediosi racconti degli spassosissimi eventi, tediosissime proiezioni di diapositive e ancor più tediosi resoconti dettagliati di ogni immagine proposta, bella mostra di tintarella, acquisti, abilità e sicurezza derivante da una superiore conoscenza del mondo. Il fondo si tocca con i cosiddetti "ricordini", agghiaccianti soprammobili con segnato il nome del luogo di villeggiatura da regalare ai poveretti rimasti a casa, che generalmente vanno a ingrossare le fila degli oggetti da dimenticare in fondo all'armadio, o da rompere inavvertitamente alla prima occasione.

Esistono comunque una serie di comportamenti sbagliati non solo dopo, ma anche durante la vacanza.

✔ Fare amicizie nuove fa piacere, ma imporsi per l'intero corso della vacanza – magari a una coppia di neosposi in luna di miele – è improponibile.

✔ Le librerie e le biblioteche offrono guide di ogni genere e tipo su ogni paese del globo. Leggetevele PRIMA di scegliere la vostra meta, e non lamentatevi POI della cattiva qualità del cibo, della mancanza di acqua, dei pericoli che vi impediscono di girare quanto vorreste.

✔ Abbiate un po' di senso di responsabilità. Non infilatevi in situazioni pericolose per il gusto dell'avventura o per dimostrare qualcosa.

✔ Se viaggiate all'estero, abbiate rispetto di usi e costumi dei popoli che vi ospitano. Andare in un altro paese è come entrare in casa d'altri.

✔ Non fotografate ogni cosa come giapponesi impazziti. Ricordare attraverso le foto è piacevole, ma non dimenticate di godervi la vacanza nel tentativo di schedarla per immagini. E soprattutto non mettetevi in posa accanto a ogni edificio o monumento-simbolo del luogo in cui vi trovate, come per assicurare chi vedrà la foto (o voi stessi?) che ci siete stati davvero. Se proprio vi viene un'idea simpatica, mettetela in atto, ma con intelligenza e rara continenza – la torre di Pisa l'hanno sostenuta praticamente tutti, nell'illusione ottica delle fotografie, quindi lasciate perdere.

✔ Non fotografate persone che non conoscete, come se fosse scontato che a loro faccia piacere. Considerare qualcuno "pittoresco" tanto da finire nel vostro rullino non è necessariamente fargli un complimento. Fate attenzione alla sensibilità altrui: se potete, chiedete il permesso, se negato, non insistete.

✔ Non ordinate spaghetti invece del piatto locale per lamentarvi poi che sono scotti e con un sugo improponibile.

✔ Se visitate una città, abbiate rispetto per chi sta lavorando e non è come voi rilassato e con parecchio tempo a disposizione, dunque cercate di non essere d'intralcio.

✔ È cortese imparare quelle due o tre parole nella lingua del posto, sicuramente buongiorno, buonasera e grazie.

Viaggi organizzati

La moda del piccolo esploratore solitario porta a disdegnare il viaggio organizzato, demonizzato come sollazzo per comitive in cerca di divertimento anziché di vera conoscenza dei luoghi. In realtà ormai diversi operatori propongono pacchetti flessibili e interessanti, più specifici e mirati dei "tour dal finestrino" *all inclusive*, che consentono di godere di una vacanza interessante ma capace allo stesso tempo di garantire un po' di compagnia. Proprio perché si svolge in gruppo, però, questo tipo di esperienza ha dei dettami a cui attenersi per rendere piacevole a tutti l'esperienza.

✔ Fondamentale è attenersi agli orari prestabiliti: la puntualità, come sempre è una delle virtù sociali più apprezzate.

Meglio arrivare un quarto d'ora prima agli appuntamenti e leggersi un giornale o una guida, anziché giungere trafelati mentre tutta la comitiva sta inveendo contro di voi.

✔ Altra buona regola è avere documenti e soldi in un punto comodo e raggiungibile facilmente, anziché nel fondo del bagaglio, in modo da non rendere ogni eventuale controllo un'odissea ancor prima di essere partiti.

✔ Evitate anche di portare con voi un treno di valigie, scomoda zavorra non solo per voi ma anche per chi si sente poi obbligato ad aiutarvi, senza contare il legittimo spazio che togliete agli altri.

✔ Siate disciplinati: se la guida ha stabilito un programma, non scomodate tutti perché volete fare di testa vostra infilandovi in un museo che non è previsto, obbligando a una tappa in più e a una cena ingozzata il resto dei partecipanti. Se volete fare di testa vostra, andate da soli.

✔ Siate cortesi con tutti. Se nel gruppo c'è una persona che proprio non tollerate statele lontani, ma non mettetevi a questionare creando un clima di tensione fastidioso per tutti.

✔ Cercate anche di non comportarvi come un gruppo di studenti chiassosi e totalmente noncuranti di chi viaggia con voi ma non appartiene alla vostra comitiva. Non è infrequente trovare, in aereo, in treno o in alberghi e ristoranti, persone sparse in sedili distanti che cominciano una maratona tra i posti o peggio si vociano commenti a distanza, disturbando tutti gli altri viaggiatori o avventori.

✔ Infine, attenzione agli eccessi durante i lunghi viaggi: di chiacchiere, di profumo, di confidenza, di snack, che possono infastidire chi si trova casualmente seduto accanto a voi durante gli spostamenti. Anche chi sceglie una vacanza di gruppo non vuole rinunciare completamente alla propria *privacy*. E soprattutto alla buona educazione.

Tutto il mondo è paese?

Tenendo conto che si tratta di generalizzazioni, di seguito suggeriamo alcuni comportamenti a cui prestare particolare attenzione quando si viaggia all'estero, per dimostrarsi rispettosi nei confronti delle popolazioni che ci ospitano e godere maggiormente dell'esperienza di conoscere una terra nuova.

In Europa

✔ Austria. I caffè al banco non sono contemplati. La celebrata cultura austriaca del dolce consente di intrattenersi a lungo in un locale, ma seduti al tavolino, magari con una bella fetta di torta per accompagnare la bevanda scelta. Se siete invitati a cena, infine, non portate il dolce, potrebbe essere considerato offensivo, vista la nota specializzazione locale.

✔ Belgio. La differenza culturale e linguistica tra valloni e fiamminghi è un argomento molto problematico, cercate di evitarlo. Inoltre, non concedetevi ironie sui reali, che sono molto amati.

✔ Cipro. La delicata situazione politica che vede l'isola divisa tra Grecia e Turchia consiglierebbe massima attenzione nel trattare tale argomento.

✔ Città del Vaticano. Ricordate sempre che è la capitale della cristianità. Il rispetto nei modi e nell'abbigliamento è doveroso.

✔ Danimarca. Non parlate male della corona. Non parlate troppo dei problemi con gli Inuit.

✔ Finlandia. Prima di entrare in casa ci si tolgono le scarpe. Se venite invitati per una sauna, consideratelo un onore e una confidenza molto amichevole, dunque cercate sempre di accettare.

✔ Germania. I gesti volgari sono a rischio di conseguenze penali.

✔ Gran Bretagna. Quando salite sui mezzi pubblici, in particolare sugli autobus, siate rispettosi delle code.

✔ Grecia. Viste le passate conflittualità con la Turchia, evitate l'argomento. Non entrate nei monasteri durante le funzioni religiose.

✔ Irlanda. È un paese di forte sentimento cattolico, siate rispettosi. Inoltre, se mentre siete al pub qualcuno vi rivolge la parola, non consideratelo un rompiscatole invadente: si tratta di una cortesia speciale che viene riservata agli stranieri.

✔ Irlanda del Nord. Evitate l'argomento guerra civile.

✔ Islanda. È considerato particolarmente maleducato chi interrompe una persona che parla.

✔ Lapponia. È molto indiscreto chiedere a un lappone quante renne possiede.

✔ Norvegia, Svezia, Danimarca e Finlandia. Ognuno di questi paesi scandinavi è fiero della propria diversità rispetto agli altri, dunque non confondeteli.

✔ Olanda. Rispetto per la corona. Non si tratta del paradiso dei tossici: se è legalizzato l'uso delle droghe leggere, quello delle pesanti è severamente vietato.

✔ Polonia. Attenzione a non gesticolare, si potrebbe essere fraintesi poiché gli usi sono differenti.

✔ Portogallo. Massimo rispetto per i luoghi sacri.

✔ Romania. L'estrema ospitalità dei rumeni li porta in alcune occasioni a offrire di dividere perfino il letto. Prendetelo per ciò che è, ovvero un gesto di garbo.

✔ Russia. Tra uomini non si usa più il bacio sulla bocca, mentre le donne non stringono la mano in occasione di una presentazione. Il bicchiere di vodka è un *must*, ma non va più gettato dopo aver bevuto.

✔ Spagna. La diversità linguistica di alcune regioni riflette quella culturale.

✔ Svezia. Prima di entrare in casa di qualcuno è norma levarsi le scarpe.

✔ Svizzera. Fate attenzione a non gettare rifiuti in terra.

✔ Turchia. Attenzione a dire di no scuotendo il capo: per loro la negazione si esprime sollevando la testa dal basso verso l'alto con un gesto secco.

✔ Paesi buddhisti, induisti e confuciani. Non toccate mai nessuno sulla testa, specialmente i bambini, poiché quello è ritenuto il luogo dover risiedono gli spiriti. Nei templi si entra a piedi scalzi. Perdere la pazienza è considerato sintomo di debolezza, dunque portate pazienza. Non baciate nessuno in pubblico, nemmeno il vostro legittimo consorte.

✔ Paesi animisti. Attenzione e rispetto per tutti i feticci.

✔ Paesi islamici. Non tutte le moschee sono visitabili. Prima di entrare ci si tolgono le scarpe e ci si coprono le gambe, le donne anche la testa e le spalle. Questa parte del corpo in particolare è considerata una zona erogena, dunque meglio coprirle sempre. Attenzione a fotografare le persone, soprattutto le donne. In diversi paesi è vietato consumare alcolici e carne in pubblico. La sinistra è considerata la mano impura, usata per lavarsi, dunque si mangia con la destra. Si mangia con tre dita, pollice, indice, medio, e si accetta sempre il cibo se ha cucinato la padrona di casa. Cercare di non avanzare nulla. Le mance sono considerate umilianti.

In Africa

✔ Kenia. Molto maleducato chiamare *boy* il cameriere, che è invece *steward*. Allo stesso modo non usare il termine *colored*, bensì *African*.

✔ Mozambico. Quando si entra in una casa è buona educazione rivolgersi prima al capofamiglia.

✔ Namibia. La stretta di mano è un movimento articolato in tre mosse: si stringe la mano per intendere "come stai?", poi si afferra il pollice per esprimere "bene, e tu?" e quindi si conclude con una nuova stretta che significa "anche io, grazie".

In America

✔ Argentina. Attenzione a quello che dite, pensando di non essere capiti. Due argentini su tre sono di origine italiana. Per gli argentini le isole al largo della loro terra sono le Malvinas, non le Falkland. Sulle isole, però, si sentono britannici.

✔ Brasile. È necessario il massimo rispetto per le cerimonie religiose. Attenzione al gesto di OK che facciamo unendo pollice e indice: per loro è un gesto estremamente volgare.

✔ Canada. Non chiamare indiani gli autoctoni. I canadesi del Quebec si sentono francesi, attenzione a non fare dell'ironia.

✔ Caraibi. Attenzione prima di fotografare le persone, in diversi posti è addirittura vietato. Attenzione all'uso dello spagnolo, per molti lingua imposta dagli invasori.

✔ Cile. Siate rispettosi dei simboli patriottici, che per loro hanno un alto significato.

✔ Cuba. Quando si fa un complimento per un vestito o simili, può capitare di sentirsi rispondere "è tuo", ma ovviamente la frase non va presa alla lettera.

✔ Messico. Gli orari sono molto flessibili. Meglio non presentarsi in casa altrui, anche se invitati, all'ora fissata, ma ritardare sempre almeno di mezzora.

✔ Perù. Se vi unite a un gruppo o entrate in una casa, dovete sempre salutare per primi.

✔ Stati Uniti. Il paese dell'informalità ha però regole assai severe in caso di infrazione delle regole sociali stabilite dalla legge. Dunque fate molta attenzione. Non stupitevi se vi si chiede apertamente dei vostri guadagni e del vostro lavoro.

In Asia

✔ Cina. Non si alza mai la voce. I piedi sono una zona erogena, e come tale vanno sempre coperti. Mai lasciare le bacchette piantate nel riso, né finire tutto quello che c'è nel piatto. Mai rifiutare il cibo, quando offerto: basta comunque assaggiare un boccone per soddisfare il padrone di casa.

✔ Corea. È normale che venga chiesta l'età, in quanto è molto rigido il sistema per cui chi è più giovane deve obbedire e rispettare chi è più anziano. Prima di fotografare un anziano chiedere il permesso.

✔ Giappone. Non stringere le mani ma inchinarsi. Si aggiunge -san al nome della persona cui ci si rivolge, per cortesia, ma non al proprio o a quello di un familiare. Togliersi le scarpe prima di entrare in casa e non rifiutare mai una tazza di tè. Aspettare che sia il padrone di casa a parlare per primo. Non usare le bacchette per indicare qualcuno. Mai dire "cin cin" quando si brinda. È assolutamente vietato soffiarsi il naso in pubblico, un gesto considerato altamente volgare. Nelle piscine termali non si entra con il costume, ma nudi.

✔ India. Se ospitati in casa di abitanti del luogo, non troverete carta igienica in bagno. Ci si lava con acqua corrente. Il contatto è ammesso solo tra persone dello stesso sesso, per cui è facile vedere ragazzi maschi mano nella mano mentre camminano per strada. Non si toccano i brahamini. Muovere la testa da destra a sinistra e viceversa, il modo che noi usiamo per il no, è qui l'esatto contrario, un segno di assenso. Se si è ospiti, non mangiare con le mani può essere offensivo.

✔ Laos. Non si dà mai la mano alle donne, ma si sorride soltanto. I laotiani sono molto cerimoniosi.

✔ Malaysia. Vietata ogni forma di nudismo, anche il solo *topless*. Anche agli uomini è vietato girare senza maglietta. Cibo e bevande vanno afferrati con entrambe le mani; se si rifiuta, toccarsi prima la bocca con le dita e poi il piatto, un cerimoniale che evita di far offendere gli "spiriti" del cibo.

✔ Maldive. Niente cani, animali che sono considerati ostili a Maometto.

✔ Mongolia. Non appoggiarsi mai ai pali di sostegno delle case: si tratta di un gesto considerato di malaugurio. Gli uomini dovrebbero accettare sempre il tabacco che viene loro offerto; la tazza di tè si deve afferrare tenendo le braccia in un modo particolare, lo stesso delle persone che ve lo offrono. Nelle tende nomadi, le donne devono stare a sinistra.

✔ Nepal. Non bisogna scavalcare una persona o anche solo i suoi piedi, ma è necessario fare il giro attorno. Non si devono rivolgere le punte dei piedi verso chi ci sta di fronte e non si offrono cose con la sola mano sinistra, considerata impura. Si entra scalzi nelle case. Può capitare di trovare pietre incise: vanno lasciate dove sono, perché sono considerate sacre.

✔ Palestina e Israele. Vestirsi in modo rispettoso quando si attraversano i luoghi sacri di Gerusalemme. Di sabato, negli alberghi israeliani non si cucina. Attenzione agli ascensori per osservanti, che scendono e salgono fermandosi automaticamente a ogni piano, i cui pulsanti non funzionano.

✔ Singapore. Esistono alcuni divieti multati severamente che vanno dunque rispettati con attenzione: non lasciare acqua nei sottovasi (per le zanzare che vi si riproducono), fumare e masticare chewing gum in luoghi pubblici e gettare i medesimi in terra, non tirare l'acqua nei bagni pubblici.

✔ Sri Lanka. Togliersi sempre scarpe e cappello prima di entrare in un tempio, anche se in rovina. Eventuali oboli sono raccolti in appositi contenitori perché i monaci non possono toccare il denaro.

✔ Thailandia. Può capitare che, se venite presentati a qualcuno, questi vi annusi l'orecchio: è un rito che serve per capire se siamo persone positive o negative. Non ci si alza quando ci si presenta e non si porge la mano alle donne in segno di saluto. È da maleducati guardare troppo a lungo negli occhi, e vietato passeggiare anche solo tenendosi per mano.

✔ Vietnam. Chiedere sempre il permesso di fotografare persone e luoghi sacri. Cortesia vuole che vi vengano fatte molte domande su dove andate, da dove venite cosa fate e così via.

In Oceania

✔ Australia. È considerato un gesto di grande maleducazione dimenticarsi di abbassare il coperchio del water. Al pub si paga un giro per ciascuno, adeguatevi e pagate il vostro. Gli aborigeni hanno abitudini particolari, che comprendono una certa facilità al contatto fisico ma grande riservatezza nel guardarsi negli occhi, inteso come massima confidenza.

✔ Nuova Zelanda. Attenzione se si desidera fotografare cerimonie o riti religiosi maori: meglio chiedere il permesso prima.

✔ Papuasia-Nuova Guinea. La ricchezza e la varietà di dialetti ed etnie richiedono una grande delicatezza nei rapporti interpersonali.

✔ Samoa Occidentali. Mai mangiare davanti a un locale stando in piedi. Vietato entrare in una casa quando i proprietari stanno pregando. La domenica sono vietate le attività produttive.

✔ Tonga. Assieme a Fiji, l'unica isola in cui le mance non sono considerate offensive. Anche qui la domenica è sacra, attenzione a non svolgere nessun tipo di attività, siete a rischio di multe. L'ombrello serve per ripararsi dal sole, non dalla pioggia.

Le regole

SUL LAVORO

Se il matrimonio può essere una fatica, figuriamoci la convivenza coatta con persone che nemmeno abbiamo scelto volontariamente. Dunque è necessario che tutti mantengano almeno un contegno educato per rendere meno impossibile la fatica di sopportare una giornata di lavoro e di contiguità con gli altri. Inoltre esistono dei comportamenti scorretti che non vanno assolutamente alimentati. Un po' di senso di responsabilità e di giustizia consentiranno di comportarsi al meglio. Ricordiamoci comunque che esasperare i conflitti, spesso per sciocchezze, non è mai utile, dunque optiamo sempre per una mediazione, per il compromesso costruttivo. Innanzitutto non si approfitta dei dispositivi e dei materiali messi a disposizione (fotocopiatrici, cancelleria, telefono!), e poi non si "ruba" tempo arrivando tardi, leggendo il giornale o attardandosi al caffè o perdendosi in chiacchiere. Inoltre:

✔ le telefonate personali anche se ricevute o fatte al cellulare, vanno limitate;

✔ non si ingombra la scrivania di fotografie, soprammobili, piante da giungla tropicale;

✔ in caso di divergenze sulle condizioni ambientali, prevale il diritto di chi vuole tenere chiusa la finestra e la luce accesa.

Per l'aria condizionata istituzionale, è necessario essere molto tolleranti. Chi soffre molto il caldo non può infatti presentarsi in canottiera, e dunque sta a chi patisce maggiormente il condizionamento coprirsi;

✔ la cortesia e la buona educazione non sono applicazioni da tempo libero come l'uncinetto o il golf. Si usano indistintamente con superiori e inferiori. Anche quando c'è fretta perché le scadenze incombono.

Con i colleghi

Nel tempo di Internet e del computer, le vere Lady Macbeth si incontrano qui. Gli intrighi più macchinosi si consumano – non sempre, ma nemmeno sempre lucidamente – tra le pareti degli uffici, dove i colleghi sono costretti a fastidiose contiguità scatenando le idiosincrasie nascoste in ciascuno di noi, aggravate dalle umane ancorché spiacevoli rivalità professionali. Eppure spesso si tratta di malintesi, di insicurezze private che proiettano sugli altri ombre e paure non reali. Senza contare l'aggravante dello stress da consegne, della fatica, o dell'eventuale insoddisfazione rispetto alla propria scelta (o imposizione) professionale. Non è facile lavorare con gli amici, né essere amici delle persone con cui si lavora. Riuscire a tenere la propria vita privata fuori dalle mura dell'ufficio è forse una soluzione freddina ma anche la più pratica. Non facciamo differenze quando si tratta di contribuire a regali collettivi. Non scarichiamo colpe e responsabilità, pur difendendoci onestamente. Evitiamo di fare l'eco a pettegolezzi e dicerie, e fondamentalmente dimentichiamocene. Se siamo nuovi, rispettiamo le abitudini consolidate (se naturalmente non contrastano con i nostri principi morali). Cerchiamo di avere sempre, soprattutto se agli inizi, l'umiltà di capire prima di giudicare. Chiariamoci sempre direttamente con i colleghi quando ci sono problemi.

Con i superiori

È necessario avere rispetto, ma senza sconfinare nella piaggeria. Cercate di fidarvi. Anche se sfortunatamente non è sempre così, ottimisticamente se sono in quella posizione è perché sanno e capiscono cose che voi non avete la preparazione per comprendere. Se dubitate di loro, chiaritevi, ma non siate silenziosamente sgarbati. Eseguite i vostri compiti con attenzione e dedizione. Per voi stessi, innanzitutto, non semplicemente per loro.

Se siete il capo

Con la definizione "un posto di responsabilità" non si intendono solo il rendiconto e il senso di dovere nei confronti dell'azienda o di chi è superiore, ma soprattutto rispetto a chi è sottoposto. La famosa promozione va salutata naturalmente con gioia e come attestato di stima, ma anche come una importante assunzione di coscienza. Essere designati a una carica importante non significa purtroppo avere le competenze necessarie e il carisma per saperla gestire.

✔ Il capo ha, a differenza di quanto pensino in tanti, molti più doveri degli altri. Innanzitutto quello del buon esempio. Il boss è quello che si fa trovare già in ufficio la mattina o che comunque fa più tardi la sera, quello che non si approfitta delle ore di lavoro per occuparsi dei propri impegni, che si dimostra coinvolto in quello che fa perché lo fa con passione.

✔ Una delle sue principali caratteristiche dovrebbe essere quella di saper organizzare il lavoro altrui. Di conseguenza, il bravo responsabile è colui che sa delegare. Compito sottilmente difficile: il suo mancato adempimento è la grave malattia più diffusa delle migliori teste e della piccola industria italiana.

✔ Delegare naturalmente non significa affidarsi ciecamente (e pigramente) all'uomo della pioggia, il risolutore che fa riposare sonni tranquilli mentre lavora al posto nostro.

✔ Il capo è un tetto per i suoi sottoposti. Ovvero, i fulmini e la pioggia se li becca lui. Questo lo autorizza a essere severo e a chiedere il massimo ai suoi collaboratori, ma significa allo stesso tempo la totale assunzione di responsabilità di fronte ai superiori e al resto del mondo.

✔ Con i collaboratori funziona la stessa regola che con i figli: non si ottiene nulla gridando. Un po' di psicologia e un atteggiamento determinato sono la strada migliore.

✔ Gli errori si riprendono in privato.

✔ Le segretarie servono per seguire gli appuntamenti di lavoro, non per acquistare regali agli amici o per scendere a procurare l'acqua che manca.

✔ Controllare ogni mossa di chi lavora per voi indica una notevole mancanza di fiducia. A parte i primi tempi, poi è necessario imparare a giudicare solo a lavoro concluso.

✔ È indispensabile la capacità di gratificare i collaboratori. Il capo che si assume meriti non suoi, che non sa riconoscere la bravura, o addirittura teme la superiorità di qualche suo sottoposto, non è sicuramente un buon capo, non sarà apprezzato e non sarà mai capace di ottenere il meglio da chi lavora con lui. E soprattutto, è una persona infelice.

Una piccola nota sul mobbing

Il mobbing è un'odiosa pratica, punita sempre più frequentemente dalla legge. Chiunque ne sia responsabile o ne partecipi con il proprio comportamento è non solo perseguibile, ma soprattutto moralmente disprezzabile.

Rapporti con il pubblico

Se si ricopre un ruolo che oltre che a contatto con i colleghi ci relaziona con persone a cui dobbiamo offrire un servizio, la fatica è indubbiamente maggiore – anche se per diversi motivi anche la gratificazione può esserlo.

✔ I nostri problemi, di qualunque natura siano, rimangono fuori dall'orario di lavoro: cortesia e disponibilità non devono variare a seconda dell'umore o delle condizioni fisiche.

✔ Le persone si guardano negli occhi, dunque quando si riceve o è il turno di qualcuno si interrompono le attività che si stavano facendo per ascoltarlo.

✔ Non si lascia ad aspettare a lungo, né se squilla il telefono, né se si viene chiamati da un collega.

✔ Se ci si allontana per qualche pratica, spiegarlo all'interessato.

✔ Ostentare disinteresse o addirittura fastidio, anche se il problema non è oggettivamente risolvibile da voi, è decisamente villano.

✔ È giusto attenersi alle regole, ma un minimo di elasticità e comprensione fanno migliori un po' tutti.

✔ Dare sempre spiegazioni è dovuto oltreché cortese.

La tecnologia in ufficio: per un uso *politically correct*

Esiste una piccola lista di "buone maniere" anche nel modo di gestire i computer e gli strumenti elettronici a disposizione dell'ufficio.

✔ Svuotare regolarmente la *mailbox* di sistema e l'*hardware* da file inutili o vecchi, invece che sollecitare ampliamenti costanti di memoria.

✔ Comprimere sempre i file troppo grossi.

✔ Vietato chattare.

✔ Vietato scaricare programmi illegali o giochi che possano destabilizzare il sistema.

✔ Usare la stampante in modo intelligente, solo a conclusione di un lavoro e non a ogni piccola variazione.

✔ Evitare di far coincidere l'e-mail personale con quella dell'ufficio.

✔ Fare attenzione ai materiali che si trovano da Internet. Non sempre sono utilizzabili per lavoro, sia per problemi di *copyright*, sia per la sicurezza delle fonti e del loro aggiornamento.

✔ Non fare *dumping*, ovvero usare i siti FTP (archivi remoti) altrui per depositare materiale da scambiare.

Salute e BELLEZZA

Nonostante la scienza abbia fatto passi da gigante nell'ultimo secolo, sebbene l'introduzione di terapie e medicine "non convenzionali" abbia allargato l'orizzonte delle soluzioni disponibili, trovare qualcuno che di lunedì mattina si senta in piena forma rimane più complicato che fare tredici al totocalcio. È una sorta di grande gioco di società: ciascuno elenca i propri guai, in una sfida all'*ok corral* su chi è più da compatire per il cattivo stato di salute. Forse per colpa di una fraintesa cultura kantiana, per cui ciò che costa maggiormente è più degno di plauso, facciamo in modo di mettere tutti a conoscenza del mal di testa feroce con cui ci trasciniamo al lavoro, pretendendo comprensione e conforto. In particolare esiste una nuova categoria di persone per cui il detto "finché c'è la salute c'è tutto" è quanto di più falso sulla terra. Non perché abbagliate da miti di felicità alternativi, ma perché se non avessero i loro malanni come quotidiani argomenti di conversazione si sentirebbero perdute.

In realtà questa abitudine andrebbe abolita. Niente di più fastidioso che tollerare le lamentele altrui, tanto più che notoriamente i veri problemi fisici sono quelli che alla fine si tende a non menzionare mai. Retaggio di un passato pudore, secondo cui le malattie gravi non hanno un nome proprio ma sono tutte "lunghe e brutte" – e quali sarebbero le malattie belle, il morbillo e la rosolia? – i veri problemi di salute rimangono l'ultimo tabù.

Eppure dovrebbe avvenire l'inverso. O meglio, bisognerebbe cercare di tenere fuori dalla conversazione leggera, da caffè tanto per intendersi, i propri menischi, tendini infiammati, scoliosi e gomiti da tennisti o lavandaie che siano, mentre ci si dovrebbe concedere una maggiore confidenza con le malattie più serie. Parlarne – con persone care, naturalmente – spesso aiuta ad affrontarle meglio. Di sicuro non sono nulla di cui vergognarsi o da tenere segreto.

Ma come affrontare la malattia di una persona amata? Sicuramente con ottimismo e coraggio, in qualunque caso. Chi è malato ha bisogno di sentire affetto, fiducia e positività. Le lacrime di compassione sono oltreché inutili proprio ciò che induce i malati a tacere dei propri problemi. Offrire compagnia, cercare di fare cose insieme, condividere il proprio tempo è il regalo più bello. Disgustoso è poi chi strumentalizza i malati per sentirsi migliore o anche solo più fortunato.

In occasione di una guarigione, poi, l'entusiasmo è doveroso, e comprensibile il desiderio che a volte prende chi è "sopravvissuto" di mostrare le proprie ferite di guerra. Ciononostante, cercate di capire chi avete di fronte: le persone facilmente impressionabili potrebbero turbarsi troppo di fronte ai vostri resoconti dettagliati o alla vista obbligata di cicatrici ancora fresche.

In caso di lunga degenza in ospedale di un amico, cercate di trovare il tempo di andarlo a trovare. Stare stesi in un letto bianco, infastiditi nel fisico e turbati nelle proprie abitudini e comodità è davvero spiacevole. Un viso amico non farà che bene. Portare un dono è un gesto delizioso. Fiori rigorosamente inodori, libri o riviste, o comunque qualunque cosa utile per far passare più in fretta le monotone giornate ospedaliere saranno i benvenuti. Naturalmente che il buon senso vi guidi: niente cioccolatini al diabetico, né Cd della Traviata a malati ai polmoni. E non fidatevi del burbero che non vuole essere visto in situazione di debolezza: anzi, dimostrargli che lo si apprezza anche se è vulnerabile potrà aiutarlo ad affrontare meglio i suoi malanni.

Se visitate qualcuno in ospedale ricordate che:

☞ gli orari di visita vanno rispettati con puntualità;

☞ non ci si presenta a mani vuote: fiori inodori, piante, frutta, passatempi e libri sono le idee migliori;

☞ siate disponibili e attenti anche nei confronti degli altri malati in stanza con il vostro caro;

☞ se siete un parente, non parlate al medico davanti al malato.

Altro discorso merita il reduce da un intervento estetico. Che fare con l'amica proboscidata che, scomparsa dalla circolazione per qualche settimana, si ripresenta con un nasino alla francese? Complimentarsi per l'acquisto, come se si trattasse di un capo d'abbigliamento, oppure comportarsi come se fosse sempre stata dotata dalla natura di una simile perfezione? Probabilmente la prima soluzione è la migliore. Considerati i programmi in prima serata televisiva, ormai la chirurgia estetica sta diventando uno *status symbol* più valido del telefonino. Se un tempo il trucco doveva esserci senza vedersi, ora sembra il contrario. Dunque la discussione è ammessa. La soluzione migliore ve la offre chi si presenta subito con il suo bel cerotto sul naso, in modo da costringervi a chiedere informazioni sul tipo di incidente occorso e liberandovi da ulteriori dubbi.

Ma che fare se invece il ritocco è stato fatto a parti meno socialmente introdotte, come seno e glutei? Cosa dire alla vicina di casa cinquantenne che si presenta da un giorno all'altro con un petto ridondante che neanche nei suoi giorni più autenticamente turgidi aveva mai vantato? Auspicando una rapida riconciliazione della società occidentale con la naturale forza di gravità, possiamo soprassedere con un generico complimento sulla forma smagliante sfoggiata, senza specificare in quale zona. I più spudorati vi magnificheranno le virtù della palestra più vicina, incitandovi a darvi da fare con step e acquagym. Gli altri potranno, forse, arrossire e ringraziare. A ogni modo non tornerete più sull'argomento. Almeno fino a nuova modifica.

Dal medico e in ospedale

Il rapporto con i professionisti della salute si è fatto un po' difficile, ultimamente. Siamo passati dall'ossequio timoroso alla familiarità eccessiva di chi pensa di avere ormai capito ogni segreto del corpo umano. Complici le enciclopedie mediche per la famiglia, le pubblicazioni periodiche, il culto del corpo e, ammettiamolo, qualche scandalo di troppo sulla malasanità, il medico è da alcuni sciagurati considerato ormai alla stregua di un firmacarte su ordinazione. Niente di più sbagliato. Se i dottori non si devono subire con quella reverenza che gli riservavano un tempo le nostre bisnonne, è comunque importante ricordare che la loro preparazione non può essere minimamente paragonata all'infarinatura di fisiologia che ci possiamo fare guardando le figure di un libro. Non siamo noi a dover fare le diagnosi, ma loro, sulla base dei sintomi che esporremo in modo chiaro e sintetico, senza affettare dolori ma nemmeno nascondendoli. Il medico è come il confessore o l'analista, è necessaria assoluta sincerità. Le medicine non vanno gestite in modo autonomo – un classico sono gli antibiotici per bambini, che vengono sospesi con troppa facilità da genitori rincuorati dai miglioramenti repentini – né valgono per tutti allo stesso modo. Dunque non insistiamo per farci prescrivere quello che ha fatto tanto bene alla vicina di casa.

Se non amate le medicine, cosa del tutto legittima, andate da un omeopata o da un medico "alternativo", ma se scegliete il dottore tradizionale poi fidatevi di ciò che vi consiglia. Questo non significa, in caso di serio dubbio, di non poter sentire la classica "altra campana": si sa che la medicina è una scienza inesatta, frutto di esperienza e conoscenza ma non di matematica.

In ogni caso:

✔ rispettate scrupolosamente le direttive del medico, anche se vi costano sacrificio o fatica;

- ✔ se le prescrizioni vi creano qualche problema farlo presente in modo cortese e civile al dottore, chiedendogli eventuali alternative praticabili;
- ✔ presentatevi alle visite puliti e con biancheria fresca di bucato, evitando pizzi e provocazioni gratuite, utili solo a rendersi ridicoli;
- ✔ se sapete di dover essere visitati, indossate capi pratici da infilare e sfilare ed evitate modelli di scarpe dalla complicata estrazione;
- ✔ se la visita è privata, cioè a pagamento, chiedete sempre la ricevuta fiscale;
- ✔ ringraziare sempre;
- ✔ in sala d'attesa, ci si comporta con riservatezza, senza alzare la voce, rovinare le riviste messe a disposizione e controllando il comportamento dei bambini.

Se si è costretti a trascorrere qualche tempo in ospedale, ricordarsi innanzitutto che anche se siete sistemati in una clinica privata non siete comunque in albergo, e le infermiere sono personale specializzato e non cameriere da tormentare con chiamate a ogni momento. La *routine* è piuttosto rigida e soprattutto mattiniera, adattatevi senza lamentarvi perché è ovviamente inutile. Cercate di essere cortesi e disponibili nei confronti delle persone che condividono la stanza con voi, se ce ne sono: non tenete la luce accesa fino a tarda notte, organizzate le vostre cose in modo da non creare disordine, durante le ore di visita non invadete la stanza con fiumi di parenti e amici, ma cercate di chiedere loro di distribuirsi in gruppi più piccoli e, se appena potete, uscite con loro dalla stanza per chiacchierare.

✔ Abbiate rispetto di chi soffre, se voi invece avete problemi meno dolorosi, e offrite per quanto vi è possibile la vostra compagnia per fare quattro chiacchiere, in modo da distrarvi entrambi, pur senza diventare invadenti. Cercate di non parlare solo di malattie e cure, anche se l'ambiente vi sollecita in tal senso, e rifornitevi di libri e riviste.

✔ Se la televisione in camera è ammessa, tenetela a un volume basso, ma se possibile offrite di condividere la visione con i vicini di letto.

✔ La musica va sempre ascoltata in cuffia.

✔ Fate in modo di indossare camicie da notte o pigiami dignitosi, portatevi delle calzine leggere e numerosi cambi in modo da essere sempre in ordine.

✔ Non intrattenete inutilmente il medico al capezzale, ma esigete risposte chiare e precise, soprattutto in occasione di cambiamenti che non vi spiegate.

✔ Quando finalmente potrete tornare a casa, salutate tutti cordialmente e se possibile lasciate un piccolo omaggio per il personale (una pianta, dei cioccolatini, dei fiori).

Savoir-faire
NELLO SPORT

"Mens sana in corpore sano" ha un significato preciso, una reciprocità, un'intesa di scambio che per molti dei nostri atletici contemporanei pare essersi persa durante i corsi di aerobica degli anni Ottanta. Lobotomizzati dalle linee anoressiche delle supermodelle, e soprattutto dall'irraggiungibile mito della razionalità ossessiva dell'occidente che ci vuole tutti cervello e poco – anche niente – cuore, in molti abbiamo affrontato lo sport come tortura estrema, come sublime momento di sofferenza forgiante che, coniugato a diete devastanti, ha fatto di noi superfisici muscolosi ma comunque sempre imperfetti e insoddisfatti, e soprattutto sofferenti e malati di spirito.

Per ritornare a una concezione equilibrata dello sport, basterebbe rimuginare un po' sulla antica saggezza latina, e ricordare che il movimento non deve essere un'ossessione ma un piacere. Forse sulla base di questo principio sarebbe finalmente possibile assistere al fausto tramonto di tanti rompiscatole fanatici dell'esercizio a tutti i costi, inguainati in lustri e firmatissimi completi ideali per qualunque agonista di primo piano, ma assolutamente ridicoli se indossati da hobbisti, per quanto in forma. Tali maniaci del muscolo guizzante, che inorridiscono di fronte al minimo accenno di adipe, hanno il serio e soprattutto antipatico problema di essere più invasivi di certi adepti a sette religiose che suonano il campanello per convertire il prossimo la domenica mattina presto. Difficile immedesimarsi in tali persone, eppure potreste essere proprio voi, anche se vi pare che la vostra passione sia assolutamente contenuta entro livelli di tolleranza del tutto accettabili.

Cercate dunque di evitare di imporre il vostro stile di vita a tutti: agli amici che preferiscono starsene in panciolle o al massimo girare in bicicletta le domeniche ecologiche, alla moglie o al marito che non vi vedono più perché inghiottiti dal buco nero del lavoro e del jogging, ai figli che preferiscono darsi alla musica. Evitate soprattutto di esporre in ogni occasione possibile (dunque soprattutto in quelle impossibili) il vostro fisico scolpito, indossando magliettine sempre più corte, sempre più aderenti, sempre più essenziali, anche in pieno inverno. O peggio, sollevando gli indumenti per mostrare i vostri addominali "de fero".

Non angosciate il prossimo illustrandogli per composizione chimica gli elementi presenti in quel bel piatto di melanzane alla bolognese che sta per mangiare (e che sicuramente gli andrà per traverso), magnificando invece le doti del vostro nuovo integratore. E soprattutto non regalate a tutti quel fantastico step che vi ha rivoluzionato l'esistenza, o quell'aggeggio per sviluppare i pettorali-glutei-quadricipiti-spalle, o ancora la panca per il sollevamento pesi. Se amate davvero lo sport, godetevelo senza imporlo agli altri. Altrimenti a costoro verrà il dubbio che vogliate semplicemente cercare di condividere la sofferenza inconfessata e la miseria delle vostre privazioni con qualcuno, per trovare conforto nel consolarvi di un male comune.

Infine:

❶ rispettate le norme della palestra o del club cui vi siete iscritti;

❷ lavatevi appena finito di muovervi;

❸ evitate patetiche esibizioni di potenza e di sudore;

❹ disfate la borsa appena arrivati a casa.

Sport di squadra

Gli inglesi lo chiamano *fair play*, gioco leale. Sembrerebbe impossibile, eppure potrebbe diventare realtà. In tempi di scandali calcistici, di arbitri messi in discussione e di distruzione dell'avversario, non ai punti ma sul piano fisico, non è particolarmente popolare parlarne, ma un galateo che si rispetti lo deve ricordare. Non in quanto defunto, ma perché si spera che qualcuno lo coltivi. Il gioco corretto di squadra, in cui ognuno cerca di divertirsi e di impiegare al meglio le proprie capacità senza necessariamente sfondare menischi e tibie al prossimo è una pratica possibile oltreché auspicabile. Sappiamo tutti che si gioca per vincere e non per partecipare, ma senza esagerare. Soprattutto quando si tratta del torneo di basket di prima divisione, tra impiegati con la fascia elastica ad attutire il mal di schiena e i canestri arrugginiti dell'oratorio come meta. L'agonismo è comprensibile ma non giustifica tutto.

È vero che lo sport serve a sfogare gli stress e le insoddisfazioni, ma un po' di senso della realtà non guasta per riuscire a mantenere un buon grado di educazione anche in situazioni difficili come uno scontro diretto.

✔ Gli arbitri sono esseri umani e come tali possono essere antipatici, di parte o supponenti, ma sono comunque i giudici del match, e come tali vanno rispettati. Soprattutto all'uscita dagli spogliatoi.

✔ Non esibite la vittoria; di contro, sappiate perdere con dignità.

✔ Rispettate le regole e non cercate assoltamente di fare male agli avversari.

✔ Non fate uso di sostanze dopanti.

✔ Ricordatevi che il gioco è di squadra. Dunque non fate i protagonisti, ma costruite le azioni assieme ai compagni.

✔ Non cadete nelle provocazioni dei tifosi avversari. È patetico vedere giocatori che si mettono a litigare a bordocampo con gli spettatori.

✔ Se un avversario – e ovviamente anche un proprio compagno di maglia – si è fatto male, fermate il gioco.

✔ Indossate l'uniforme di gara rispettando le regole: la maglia è della squadra, e come tale va mantenuta in ottime condizioni. Non lavatela a cento gradi, finendo poi per confondere i vostri stessi compagni di gioco.

✔ Rispettate le decisioni prese dallo spogliatoio in modo democratico, anche se non le condividete.

✔ Andate in panchina con il sorriso sulle labbra, senza fare polemiche con l'allenatore.

✔ Se siete il migliore in campo, ricordate che il vostro successo è garantito anche dalla collaborazione degli altri. Da soli, anche se fenomeni, non si vince.

Tifosi

Anche se non abbiamo l'assoluta certezza del primato, possiamo almeno ipotizzare di essere uno dei rari esempi di galateo che si è spinto così lontano. Tentare di proporre indicazioni di buona educazione ai curiosi personaggi che popolano non semplicemente lo stadio, ma nello specifico le cosiddette "curve", ci pare azione assai ardita. Eppure ci proviamo, nello stravagante caso in cui qualcuno di loro si trovasse mai per le mani questo manuale.

✔ Innanzitutto bisognerebbe ricordare che il senso del sesto o dodicesimo uomo sta nel sostenere la propria squadra, non nello svilire gli avversari.

✔ Va auspicata dunque una certa proprietà di linguaggio. È noto che il tifo per la propria squadra porta a eccessi verbali nei confronti degli avversari assolutamente reciproci. Eppure sperare in una maggiore educazione e in un uso più meditato del turpiloquio ci pare ancora sensato.

✔ I gestacci poi andrebbero davvero eliminati.

✔ Le coreografie, i cori e gli striscioni sono spesso la cosa più fantasiosa che si vede allo stadio, onore al merito: però dovrebbero cercare di non essere di insulto per gli avversari.

✔ La violenza è sempre e comunque da stigmatizzare. I violenti non sono divertenti o coraggiosi, sono anzi il loro esatto contrario. Dei codardi travestiti da lupi.

Si aprano LE DANZE!

Se le discoteche rimangono il regno dei più giovani (così come rimangono patetici i tentativi di chi ha superato gli "anta" di mescolarsi con *nonchalance* nella folla di scatenati della notte) è vero che la riscoperta di balli caraibici, tango e flamenco hanno riportato diverse sale da ballo "alternative" alla portata di casalinghe e impiegati amanti dell'ancheggiamento, ma troppo discreti per buttarsi nella feroce agorà del technopop. Anche se non esiste un codice preciso di comportamento come invece succedeva al tempo dei grandi balli dell'Ottocento, ci sono piccole accortezze che consentono una migliore convivenza tra ballerini.

✔ Molti dei balli di coppia sono sensuali e comportano uno stretto contatto fisico, ma proprio per questo necessitano di una maggiore eleganza nel rapporto interpersonale, in modo da non dare adito a fraintendimenti con il partner.

✔ È normale non essere dei ballerini provetti ma, nel caso, non lanciarsi in figure ardimentose mettendo in imbarazzo il partner.

✔ Quando si invita una donzella, ringraziare comunque, anche in caso di rifiuto.

✔ Sorridere e guardare il partner negli occhi e non fare l'occhio luccio, che squadra gli altri presenti in sala pensando già al prossimo ballo.

✔ Cercare di capire la persona con cui si balla, assecondandola nei movimenti invece di seguire rigidamente i passi.

✔ Non ballare per mettersi in mostra, ma soltanto per il piacere di farlo.

✔ Fermarsi se si rischia di urtare gli altri.

✔ Suggerimento forse evidente ma sempre valido: non si entra in pista con la sigaretta.

✔ Non si fanno apprezzamenti o critiche alle altre coppie che ballano.

✔ Non si sgrida il partner se sbaglia.

✔ Non si fanno monologhi mentre si balla, annoiando mortalmente il partner.

✔ Incoraggiare i principianti.

✔ Ringraziare sempre alla fine del ballo.

Il galateo del COMPUTER

Il più recente "acquisto" tra gli argomenti affrontati dal galateo è l'uso del computer. Entrato prepotentemente nell'uso quotidiano, questo oggetto di amore e odio è molto più che un qualunque strumento di lavoro. Grazie a Internet, il suo ruolo nei rapporti sociali è diventato di grande importanza, nel bene e nel male che ciò comporta, e come tale non può essere sottovalutato. Esiste un corretto modo di comportarsi sia rispetto all'utilizzo della macchina, sia nella navigazione in rete e nell'impiego degli strumenti di comunicazione, dettato dal buon senso e dal rispetto degli altri. Una buona sintesi si concretizza nel decalogo che ormai tutti gli utenti dovrebbero conoscere e che doverosamente riportiamo:

- ✔ non usare il computer per danneggiare altre persone;
- ✔ non interferire con il lavoro al computer di altri;
- ✔ non curiosare nei file altrui;
- ✔ non usare il computer per rubare;
- ✔ non usare il computer per falsificare;
- ✔ non usare *software* illegali o copiati;
- ✔ non usare le risorse altrui senza autorizzazione;
- ✔ non rubare il lavoro intellettuale altrui;
- ✔ pensa alle conseguenze sociali di ciò che fai e scrivi in rete.

In generale, le regole dettate da questa sorta di comunità internazionale di sostenitori del computer riguardano un impiego legale, leale, efficiente ed ergonomico delle risorse informatiche. Un modo responsabile, insomma, di gestire lo strumento. A questo proposito merita una distinzione per i non "adepti" tra *hacker* e *cracker*. I primi sono appassionati un po' anarchici che comunque si muovono nel rispetto del lavoro altrui, amano la sfida intellettuale e sono per la condivisione delle risorse; i secondi, con cui invece vengono spesso confusi, sono i guastatori che spesso introducono virus e/o usano le proprie competenze informatiche a fini personali.

Netiquette

Come intuitivamente spiega la parola, è l'etichetta della rete (*Net*), ovvero una serie di comportamenti da rispettare per una migliore convivenza elettronica e una comunicazione beneducata. Molte di queste regole hanno senso soprattutto in caso di collegamento per motivi di lavoro; comunque è buona abitudine rispettarle anche per posta elettronica, chat, *mailing list* o *newsgroup*, a meno di situazioni esplicitamente condiscendenti. Chi non rispetta la *netiquette* in chat può essere espulso dal moderatore – una sorta di vigilante che monitora i messaggi e controlla che non si consumino eccessi e sgradevolezze. La maggior parte delle chat, però, non è moderata: nonostante ciò, i visitatori scortesi vengono isolati comunque dai frequentatori, che possono in casi gravi segnalare la situazione allo *staff* di gestione e chiedere di negare l'accesso al fastidioso utente. In Internet vige una sorta di anarchia ordinata, un'autogestione piuttosto disciplinata nonostante manchi un'autorità centrale preposta al controllo. Almeno per quanto riguarda gli scambi tra persone adulte.

✔ Quando si entra in un nuovo gruppo è bene leggere i messaggi che vengono scambiati tra gli utenti, prima di intervenire: ogni comunità ha infatti regole abbastanza precise, stabilite dall'uso, sul metodo con cui si tratta un determinato argomento. Leggere equivale ad ascoltare, per evitare di intervenire a sproposito. Allo stesso tempo, però, non partecipate silenziosi a lungo a una *chat*. Passereste per guardoni (*lurker*), ficcanaso sgraditi.

✔ Quando si invia un messaggio (che nel linguaggio internazionale degli informatici è definito *article*) è bene cercare sempre di essere sintetici e diretti nel centrare la questione che volete esporre. Vietato il linguaggio volgare.

✔ Quando si manda un messaggio, specificare sempre, in modo breve e significativo, l'oggetto (*subject*) del testo. Ciò vale soprattutto per i gruppi più affollati in cui vengono scambiati centinaia o migliaia di messaggi al giorno. Questa piccola cortesia consente a chi partecipa di capire immediatamente se il messaggio può interessargli o meno.

✔ Non divagare rispetto all'argomento del *newsgroup* o della lista di distribuzione. Se si risponde a un messaggio, non va riportato sistematicamente l'intero originale ma va "quotato", ovvero ne vanno stralciati solo i passaggi rilevanti a cui si intende rispondere precisamente. Evitare gli invii multipli del proprio messaggio a diversi gruppi. Limitarsi parsimoniosamente agli utenti che sono effettivamente interessati. Quando si invia un messaggio a più gruppi (*cross-posting*) evidenziare tale fatto in modo che i frequentatori di entrambi i gruppi lo sappiano ed evitino di rileggere lo stesso messaggio.

✔ Non condurre guerre di opinione sulla rete, né farne il proprio personale teatro dove condurre battibecchi con singoli utenti. Le questioni personali si risolvono in corrispondenza privata tramite e-mail. Le discussioni (*flames*) possono degenerare facilmente senza l'intermediazione del tono della voce. A volte una semplice ironia può essere raccolta come un'offesa. Evitare allo stesso modo di prendere contenziosamente le parti dell'uno o dell'altro rinfocolando il contrasto. Non è facile farsi capire, tanto più quando non ci sono supporti fisici. Questo è uno dei motivi per cui nelle chat abbondano comportamenti aggressivi. I fraintendimenti sono all'ordine del giorno. Non aggravateli.

✔ Evitare di mandare messaggi di prova per verificare il funzionamento del *software*: a questo scopo esistono dei gruppi appositi. La posta elettronica è come quella cartacea, dunque non si fa leggere ad altri. Non pubblicate mai messaggi personali. Leggere sempre le FAQ (*Frequently Asked Questions*) relative all'argomento trattato prima di inviare nuove domande, per evitare di farsi dare di stupidi, principalmente.

✔ Vietato fare *spamming*, ovvero mandare messaggi pubblicitari o catene inutili. SPAM sta per *Stupid Person AdvertiseMent* (pubblicità fatta da persone stupide), dunque siete avvisati.

✔ Anche l'intolleranza verso chi commette errori di grammatica è al bando. Vero è che ognuno deve cercare di scrivere al meglio delle proprie capacità.

✔ Scrivere in maiuscolo equivale ad alzare il tono di voce, dunque non fatelo. Per sottolineare un concetto o una parola si usa racchiudere il termine tra asterischi.

✔ Non si devono utilizzare caratteri accentati, perché in altri sistemi possono non venire letti. Si usa l'apostrofo al loro posto.

✔ Le battute di spirito e l'ironia in generale vanno accompagnate da un *emoticon*, ovvero una di quelle faccine ottenute dalla punteggiatura, che consentono di intuire il tono con cui una frase viene scritta.

✔ La firma in fondo al messaggio deve essere breve e sintetica. Evitate la lista di titoli e definizioni. Internet è il regno della democrazia.

✔ La rete è principalmente uno strumento di lavoro, dunque evitare i messaggi inutili, frivoli o di carattere personale, e dunque non di interesse generale, a meno che non sia espressamente indicato dal genere di scambio.

✔ Gli scambi di materiale pesante intasano il traffico di rete, dunque programmarli in orari diversi da quelli di massima operatività (per esempio di notte), tenendo presenti le eventuali differenze di fuso orario.

✔ Accertarsi che chi riceve un allegato pesante sia in grado di scaricarlo. Non tutti hanno lo stesso tipo di linea, e per alcuni potrebbe essere un problema ricevere file di dimensioni troppo grandi. Non scrivere messaggi in HTML. Sono inutilmente ingombranti, oltreché non leggibili da tutti.

✔ Rispettare brevetti e/o vincoli di utilizzo del materiale che si raccoglie in rete. Violare la sicurezza di archivi e computer della rete, violare la *privacy* di altri utenti della rete, leggendo o intercettando la posta elettronica loro destinata, compromettere il funzionamento della rete con virus costituiscono dei veri e propri crimini elettronici e come tali sono punibili dalla legge.

Posta elettronica

Una specifica attenzione meritano le modalità di utilizzo della e-mail. È vero che fanno parte degli strumenti di comunicazione, e come tali sottostanno alle principali regole di buona educazione, ma esistono dei comportamenti scorretti anche nel modo di gestire il supporto che non vanno sottovalutati.

Anzitutto è necessario aver cura di non rendere visibili, in caso di invio multiplo, gli indirizzi di tutti i destinatari del messaggio: non tutti fanno poi buon uso di un tale patrimonio. Seconda regola importante a cui attenersi riguarda le odiose, cosiddette catene di sant'Antonio, che non vanno mai assecondate. Una cortesia da non sottovalutare invece è quella di scrivere nell'apposito spazio l'oggetto del proprio messaggio, in modo da rendere immediatamente evidente a chi riceve il carattere dell'invio. Internet consente il contatto rapido tra persone lontanissime tra loro: proprio per questo ricordate che la differenza di fuso orario potrebbe rendere impossibile la risposta immediata che si desidera. Magari la persona cui avete inviato il messaggio non l'ha ancora letto perché è ancora immersa nel sonno dei giusti. A vostra volta, se ricevete una mail che necessita una risposta a breve ma non avete il tempo di dilungarvi in dettagli, anticipate rapidamente il contenuto in un messaggio veloce, cui poi farete seguire una mail più lunga. Il vantaggio tecnologico della comodità di spedizione è, in questo caso, tutto da sfruttare.

Saggio uso della
TELEVISIONE

Probabilmente i quindici minuti di celebrità previsti negli anni Sessanta da Andy Warhol per tutti sono stati fraintesi. Se le celebrità pullulano, soprattutto grazie alla diffusione della televisione, non significa che contino, e soprattutto che abbiano qualcosa da insegnare. Troppo spesso si subisce la televisione e soprattutto i personaggi che la popolano come se ci potesse suggerire regole di vita di straordinaria saggezza, il segreto del successo che porta alla felicità. L'errore forse sta proprio qui, nel far coincidere due cose che non necessariamente si corrispondono. La televisione deve essere un momento di svago e di relax, limitato a una o due ore al giorno, in cui guardare pure ciò che si vuole, ma sempre con forte spirito critico. Ricordandosi che la vita sta fuori dal video e che probabilmente anche se luccica meno è più bella. O almeno dipende da noi renderla tale, e non da trucchi ed effetti speciali. Ecco allora alcune regole di buon gusto ed educazione per utilizzare la televisione.

✔ Non guardarla troppo a lungo. Un intero pomeriggio accasciati sul divano davanti al video abbrutisce e toglie energie molto più che non trascorrerlo a chiacchierare, a passeggiare o a leggere.

✔ Non credere che sia tutto vero. Anzi, propendere in generale per il contrario.

✔ Non tenere il volume troppo alto. Le persone con difficoltà di udito possono ripiegare su cuffie e sottotitoli, ma non hanno il diritto di infastidire i vicini di casa.

✔ Fare attenzione ai bambini. I piccini sotto i tre anni non dovrebbero nemmeno sapere che c'è. Approfittate piuttosto di videoregistratori e dvd e fate vedere loro cartoni animati – sempre e comunque pochi e selezionatissimi – invece di abbandonarli davanti al video. È una facile tentazione, ma anche un serio pericolo. Attenzione anche ai cosiddetti "bollini" indicatori che i canali televisivi appongono alle trasmissioni per indicare se sono adatte alla visione di un pubblico di bambini. Non sempre sono corretti e comunque ciò che è adatto a un bambino di sette anni non è necessariamente accessibile a uno di quattro, che si impaurisce più facilmente. Esistono diversi cartoni animati che, pur considerati come tali per bambini, in realtà sono troppo violenti. E comunque trasmettono valori che non necessariamente sono i vostri. Vagliate con attenzione.

✔ Sceglïete con cura i vostri maestri, meglio se di persona e non dal video.

✔ Ricordate che la televisione ingigantisce, amplifica le sensazioni. Ciò che vi pare ragionevole in televisione (una persona, un abito, un atteggiamento), può risultare assolutamente fuori luogo nella vita di tutti i giorni.

✔ Non parlate degli affari dei personaggi televisivi come se fossero accaduti al vostro vicino di casa.

✔ Non fate zapping in continuazione se avete qualcuno accanto. Se la televisione è una sola, rispettate i desideri di tutti.

✔ Non guardate la televisione mentre siete a tavola. Parlate con chi vi sta accanto, assaporate ciò che avete nel piatto e godetevi un po' di tranquillità.

✔ Non guardatela a tutti i costi. Se la sera siete troppo stanchi per uscire o per leggere un libro, è comprensibile che la soluzione più semplice sia accendere la televisione, ma passare da un canale all'altro senza scopo perché non si trova nulla di interessante stordisce. Piuttosto fate una telefonata a un amico che non sentite da tanto, andate a trovare la mamma, accendete la radio, fate un lungo bagno con le candele profumate o sfogliate un catalogo di viaggi da sogno. Oppure andate a dormire.

✔ Non fatevi incantare dalle televendite. Fate molta attenzione a quello che vedete e non cedete alle offerte imperdibili e irripetibili. C'è sempre una seconda occasione nella vita.

✔ Se avete ospiti, dimenticatela. Anche se c'è quell'irrinunciabile puntata della serie che state seguendo da tempo. Esistono i videoregistratori programmabili o, in caso di evidente incapacità tecnologica, gli amici con videoregistratore che possono farvi il favore.

Uno stile impeccabile al SUPERMERCATO

Quella del supermercato è un'esperienza di vita che in pochi ormai sono in grado di evitarsi. Donne e uomini, single e accoppiati, ricchi e poveri, il vero livellatore sociale, il *melting pot* globale della razza umana prende forma tra gli scaffali esondanti merci dei centri commerciali. Certo, ci sono i forzati della spesa affannata nel grande ipermercato e i saltuari ricercatori di ciò che la drogheria del centro non ha sottomano. Di conseguenza l'atteggiamento varia profondamente: la suscettibilità della mamma appena uscita dall'ufficio in lotta contro il tempo – e contro il bimbo seduto sul carrello che arraffa tutto ciò che gli arriva a portata di manina – che si affretta innervosita mentre scarica confezioni quasi a casaccio dagli scaffali al carrello è nettamente superiore a quella dell'hobbista della spesa che con precisione da entomologo osserva gli ingredienti presenti in ogni confezione, confrontandoli mentalmente con le possibili malattie a lungo termine che possono provocare. Essendo gli stressati dello scatolame in netta maggioranza rispetto agli analisti del barattolo, spesso il supermercato si trasforma in un buco nero della buona educazione, per la gioia di scortesia ed egoismo. Dunque cercate di ricordare che:

✔ spesso la spesa è una spiacevole incombenza che si cerca di sbrigare in fretta. Se anche voi avete tutto il tempo del mondo, fate attenzione al vostro prossimo;

✔ all'ingresso, se unico, prima si lascia uscire e poi si passa;

✔ il carrello è ingombrante. Cercate di non travolgere nessuno al vostro passaggio. Allo stesso modo fate caso a dove lo lasciate. Potrebbe impedire il passaggio o bloccare lo scorrimento di un flusso;

✔ se state per infilarvi in un punto stretto, non portate con voi il carrello, ma sistematelo in modo che non dia fastidio, in qualche angolo;

✔ diversi supermercati hanno ormai la sgradevole abitudine di approntare piccoli carrellini per bambini. Se avete intenzione di educare fin da piccoli i vostri bimbi al piacere della spesa sono vostre scelte, ma almeno rendetevi conto di quanto fastidio possono creare a chi già fatica a muoversi nella normale ressa di adulti distratti;

✔ se la persona che vi precede in fila in pescheria ha dimenticato o non si è accorta di dover prendere il biglietto, non fate finta di nulla per fregarla, ma avvisatela o lasciatela comunque fare i suoi acquisti prima di voi;

✔ non abbandonate in giro cibi freschi se avete cambiato idea. Si guastano: lo spreco incide sui costi dei prodotti e sull'economia biologica del pianeta;

✔ quando siete alla cassa, interrompete la confezione dei sacchetti per pagare, quindi spostatevi di lato per proseguire, in modo da non ostacolare il pagamento del cliente successivo;

✔ i carrelli non sono cestini della spazzatura. I guanti per raccogliere frutta e verdura, le liste e altri rifiuti vari non vanno abbandonati lì dentro ma gettati negli appositi contenitori;

✔ le persone che lavorano nei supermercati non sono trasparenti. Salutarle, magari con un sorriso, è doveroso;

✔ infine una attenzione generale: se si ha tempo, perché in pensione o con orari di lavoro diversi dalla maggioranza, è bene cercare di evitare i momenti di maggiore affollamento del supermercato (dopo le cinque e il sabato). Non si tratta solo di una cortesia, ma di un banale accorgimento che potrebbe agevolare tutti. Perché in tanti paiono dimenticarsene?

Cosa mi metto QUANDO...?

A seconda del tipo di invito che si riceve si dovrebbe poter capire cosa indossare. Anche se la moda attuale ha confuso enormemente le carte consentendo trasparenze, scollature e pantaloni corti anche quando non è previsto dal buon gusto, nonostante certi rigori del passato che imponevano innumerevoli cambi d'abito durante il corso della giornata siano inevitabilmente scomparsi, è importante per sentirsi a proprio agio seguire alcune piccole regole di buon senso nell'abbigliarsi.

Di seguito sono elencate le indicazioni di base su come vestirsi in caso di un invito formale.

Lui

✔ La sera è di rigore l'abito scuro. Lo smoking – peraltro così chiamato solo in Italia – è un abito da gran cerimonia, da indossare dopo le 20.00 in serate di gala di notevole prestigio o per una prima operistica di particolare rilievo. È costituito da una giacca nera dai *revers* di raso, così come la striscia laterale dei pantaloni. Solo d'estate la giacca può essere anche bianca. Con il doppiopetto si può fare a meno della fascia in vita. La camicia è da sera (polsini allacciati con i gemelli), bianca. Il *papillon* è nero. Le scarpe sono di vernice nera.

✔ Il frac (o marsina) è ormai patrimonio quasi esclusivo delle canzoni e delle fiabe. È una giacca nera a coda di rondine la cui lunghezza posteriore arriva sotto il ginocchio, da indossare con camicia bianca, sparato (quella specie di bavaglino inamidato), colletto rigido e *papillon* rigorosamente bianco (nero è quello dei camerieri), come il resto degli accessori tranne le scarpe, il capotto e l'eventuale cappello.

✔ Il tight, o abito da giorno da cerimonia (in inglese significa "attillato"), è costituito da una giacca aderente appunto a code lunghe anch'essa, nera o grigia, con pantaloni a righe, camicia bianca con sparato e colletto come per il frac. Gli accessori sono neri o grigi. Per avere un'idea basta guardare il film *Quattro matrimoni e un funerale*.

✔ Con il mezzo tight, che prevede la giacca senza code, non si indossa lo sparato.

✔ Con gli abiti da sera o da cerimonia non si indossa l'orologio da polso, bensì quello da taschino, naturalmente piatto.

Lei

Il bon ton è meno rigoroso sull'abbigliamento femminile, soprattutto perché non esistono *mise* uniche codificate ma sono diverse le forme e le modalità stilistiche a disposizione. Se un tempo i cambi erano più rigorosi e frequenti durante la giornata, ora le distinzioni si sono ridotte sensibilmente. Esiste dunque una tenuta da giorno, la più varia possibile a seconda dello stile di vita e del tipo di attività richiesta, e una toeletta serale. In quest'ultimo caso la distinzione principalmente consiste nella lunghezza dell'abito, che aumenta quanto più in là nella serata si va;

✔ per la mezza sera quindi è indicato un abito da cocktail – un abito abbastanza elegante, ma che arriva al ginocchio o al polpaccio;

✔ dopo le 20.00, in caso di ricevimento, si possono sfoggiare abiti da sera, la cui lunghezza arriva generalmente alla caviglia e hanno una scollatura di media ampiezza;

✔ infine sono d'obbligo per serate di gala e grandi ricevimenti gli abiti da gran sera, indumenti decisamente impegnativi, la cui lunghezza copre i piedi e con accenno di strascico, scollature più generose soprattutto in caso di ballo, occasione che addirittura consente di scoprire le spalle.

Come leggere un invito

L'invito è un grande aiuto per capire cosa indossare. Non solo l'ora e il tipo di incontro sono indicativi della *mise* da utilizzare, ma spesso viene definito direttamente sul cartoncino il tono dell'abbigliamento. Se ricevete un invito con specificato "cravatta nera", infatti, si intende che lui dovrà indossare lo smoking e lei un abito da sera. Con "cravatta bianca" si intende il frac, dunque la signora indosserà un abito da gran sera, lungo e con un accenno di strascico. Le scollature molto ampie però sono riservate alle serate da ballo.

La regola aurea rimane sempre e comunque quella di non esagerare. Meglio essere un pochino sottotono rispetto all'evento che eccessivi.

Districarsi con le **ABBREVIAZIONI**

Le abbreviazioni vanno usate con molta parsimonia, pena fare la figura del Fantozzi di turno che si esprime senza conoscere la sua lingua. Se non si impiegano assolutamente quando si parla, se l'uso è limitato all'indispensabile all'interno di una lettera o in uno scritto in generale, le abbreviazioni sono utili soprattutto sulle buste delle lettere e sulle intestazioni in generale. Sono sempre più rare, alcune sono quasi scomparse: proprio per questo ci è parso pratico indicare di seguito le principali, in modo da saperle "decifrare" e, all'occorrenza, utilizzare.

aff.mo = affezionatissimo
arch. = architetto
avv. = avvocato
can.co = canonico
cap. = caporale
cap. = capitano
cap. magg. = caporal maggiore
Card. = Cardinale
cav. = cavaliere
cav. uff. = cavaliere ufficiale
c.a. = cortese attenzione
C.d.A. = Corpo d'Armata
ch.mo = chiarissimo
col. = colonnello
com. = comandante
comm. = commendatore
dev. = devoto
dev.mo = devotissimo
dott. = dottore (medico)
dott.sa = dottoressa (medico)
dr = dottore o dottoressa, per tutte le altre lauree
ecc. = eccellenza
egr. = egregio
em. = eminenza
em.mo = eminentissimo
E.V. = Eccellenza Vostra

gen. = Generale
geom. = geometra
gr. uff. = Grande Ufficiale
ill.mo = illustrissimo
ing. = ingegnere
LL.EE. = Loro Eccellenze
LL.EEm. = Loro Eminenze
mar. = maresciallo
magg. = maggiore
m. = maestro
mons. = monsignore
m.r. = molto reverendo
n.d. = nobil donna
n.h. = nobil uomo
nob. = nobile
obb.mo = obbligatissimo
on. = onorevole
p.g. = procuratore generale
p.m. = pubblico ministero
prof. = professore
rav. = rabbino
rev. = reverendo
r.m = reverenda madre
r.mo = reverendissimo
r.p. = reverendo padre
S.E. = Sua Eccellenza
S.Em. = Sua Eminenza
sen. = senatore
serg. = sergente
serg. magg. = sergente maggiore
sig. = signore
sig.na = signorina
sig.ra = signora
s.m. = stato maggiore
S.P. = Santo Padre
spett. = spettabile
s.p.g.m. = sue proprie gentil mani
S.S. = Sua Santità, Santa Sede
s.ten. = sottotenente
s.v. = signoria vostra
ten. = tenente colonnello
u.c. = ufficiale di complem.
uff. = ufficiale
V.E. = Vostra Eccellenza
V.Em. = Vostra Eminenza
vs. = vostro, vostra (diverso da vs senza punto che sta per "versus", contro)
v.s.ill. = vostra signoria illustrissima

Dizionario delle
CAFONATE

A

Abbandonarsi a rumori sgradevoli. Scusarsene in caso di incidente.

Accomodarsi mettendo le mani dietro la testa e i gomiti in alto, svelando le ascelle.

Allentarsi la cintura a tavola.

Appoggiare i piedi sul tavolo. Fa tanto petroliere texano.

Appoggiare sul tavolo dove si mangia ciò che si ha in tasca.

Arrivare in largo anticipo. Per trovare i padroni di casa in accappatoio e con l'arrosto bruciato ancora da grattare.

Attaccare il chewing gum alle poltrone dei locali pubblici o gettarlo in terra, per la gioia delle suole altrui.

B

Bere direttamente dalla bottiglia. Gli sportivi – anche se i più eleganti, ovvero i tennisti degli anni Settanta, usavano il bicchiere – sono esentati solo perché sono gli unici ad abbeverarsi da quelle micidiali bottigliette colorate (che poi, vai a saperlo cosa c'è davvero dentro...).

C

Chiedere chi altri è invitato, soprattutto prima di aver accettato.

Chiedere di usare la stessa posata o lo stesso bicchiere di altri, anche se solo per un assaggio.

Chiedere un parere professionale quando si incontra un professionista fuori dall'orario di lavoro.

Coprire il bicchiere con la mano in segno di diniego se viene offerto da bere. Basta parlare.

Credersi superiori alle regole.

D

Dire "buon appetito" prima di mangiare.

Dire "permesso" entrando. Basta bussare.

Dire "salute" a chi starnutisce.

Dire "tolgo il disturbo".

Dire "è lo stesso" lasciando gli altri a cercare di indovinare.

F

Fare domande sfacciate.

Fare rumore mentre si sorbisce un liquido.

Fingere conoscenze che non si hanno.

Fumare sigari e pipa a tavola. Troppo aromatici.

G

Giustificarsi per ritardi o mancanze con il lavoro.

Giurare sui propri figli (soprattutto quando si mente).

Grattarsi ostentatamente. Soprattutto quando si tratta di certe parti del corpo.

I

Imporre le "pattine" agli ospiti per il bene del pavimento.

Indossare gambaletti o calze smagliate sotto i pantaloni.

Indossare un fazzoletto da taschino dello stesso colore della cravatta.

Infilare entrambe le mani in tasca, se uomini.

Infilarsi le dita nei pertugi del corpo.

Ispezionare il fazzoletto dopo averlo usato.

L

Lasciar intravedere biancheria scura se vestite di chiaro e viceversa, se donne. Lasciar trasparire la canottiera sotto la camicia, se uomini.

Leccare l'indice per sfogliare un libro o un giornale.

Leggere dietro le spalle degli altri. Di peggio c'è solo spiegazzare il quotidiano altrui prima che l'abbia letto.

Leggere la posta altrui.

M

Masticare a bocca aperta.

Masticare chewing gum a bocca aperta.

Mettere lo smoking a un matrimonio.

N

Non parare gli starnuti con un fazzoletto o al limite con la mano, innaffiando i presenti.

Non rispettare le code.

O

Origliare.

Ostentare: se stessi, ciò che si possiede, le persone che si conoscono, i propri compagni. Infine, ostentare ciò che non si è più – o mai stati – è patetico ancor prima che cafone.

P

Portare bretelle e cintura (eccesso di previdenza).

Portare i calzini bianchi con gli abiti scuri.

Portare i calzini corti. Di peggio c'è solo il tenerli quando tutto il resto è nudo.

Portare i sandali con le calze. Le popolazioni nordiche sono esempio di professionalità ma non certo di stile.

Portare il coltello alla bocca.

Portare l'orologio da polso sopra il polsino della camicia (per quei pochi che ancora ci provano).

Presentarsi in casa di qualcuno senza avvertire.

Pronunciare all'inglese tutti i termini stranieri entrati nell'uso, anche quelli francesi o latini.

R

Ridere degli "episodi rumorosi" altrui invece di far finta di nulla.

Ridere di qualcuno. Si ride con gli altri, mai di loro.

Risucchiare rumorosamente gli spaghetti (magari schizzando anche in giro il condimento).

S

Salutare dicendo "di nuovo" "tante cose" "mi saluti la sua signora", e rispondere a quest'ultimo invito con "presenterò i suoi omaggi".

Sbadigliare davanti a qualcuno, o senza coprirsi la bocca.

Scrivere (dire, addirittura!) il cognome prima del nome.

Scusarsi prima di dire una parola volgare. O non la si dice, o si va fino in fondo senza ipocrisie.

Sfoggiare dalla testa ai piedi tutti capi firmati, tipo sponsorizzazione automobilistica.

Sollecitare a servirsi una seconda volta "altrimenti si butta via", come se l'invitato fosse lì solo per evitare ingorghi al lavandino.

Stare a tavola a torso nudo.

Sollevare tazze e bicchieri con il mignolino ritto anche se non è rotto e ingessato.

Succhiare il cucchiaino dopo aver mescolato lo zucchero nel caffè. Si lascia gocciolare appena e, poi, si ripone sul piattino.

T

Tenere gli occhiali da sole quando si viene presentati. Giocare alla Gioconda non è gentile.

Tenere l'unghia del mignolo lunga, specialmente gli uomini.

Tirare su con il naso.

Toccare i bicchieri tra loro nel brindisi e dire "cin cin" (soprattutto se in compagnia di giapponesi, per cui la parola ha tutt'altro significato)

Toccarsi in continuazione i capelli.

U

Usare a sproposito parole che non si conoscono bene.

Usare le unghie come stuzzicadenti.

Usare nomignoli intimi in pubblico.

V

Voltare la testa a piccione per seguire con lo sguardo qualcuno che ci incuriosisce.

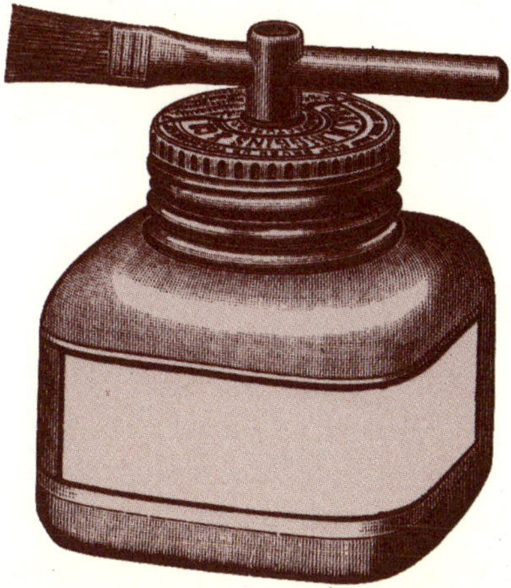

Ringraziamenti

Il presente manuale di buona educazione è il frutto delle riflessioni dell'autrice anche sulla base di diversi testi in precedenza redatti sull'argomento. Innanzitutto il *Galateo* di Giovanni della Casa (a cura di Gennaro Barbarisi, 1991, Marsilio) e il *Libro del Cortegiano* di Baldassar Castiglione (1981, Garzanti). Illuminanti considerazioni sulle origini e ragioni delle regole di comportamento sono contenute nel manuale *Le buone maniere* di Valentina D'Urso (1997, Il Mulino), mentre suggerimenti ironici di carattere più pragmatico vengono da *L'educazione del cuore* di Christiane Collange (1995, Bompiani). Suggerimenti utili sono stati attinti anche dal volume *Galateo, ovvero l'arte del buon vivere* (2004, Gribaudo), mentre le note di abbigliamento sono tratte da *Storia della moda* di Anderson Black e Madge Garland (1974, De Agostini), da *Moda – arte, storia, società* di Grazietta Butazzi (1981, Fabbri) e dalle guide del sito www.supereva.it, a cui si devono diverse curiosità e notizie storiche.

Ma le vere, indiscusse maestre di stile e modi garbati cui chiunque voglia stilare un libro sulla buona educazione deve rifarsi sono sicuramente Lina Sotis, maestra di eleganza con il suo *Bon Ton, il nuovo Dizionario delle buone maniere* (1984, Mondadori), e Barbara Ronchi della Rocca, i cui numerosi volumi sul Galateo – dal pratico *Si fa, non si fa* (1992, Garzanti) alle più dettagliate e specifiche pubblicazioni sempre della stessa casa editrice – sono una vera miniera di indicazioni di buon senso, ironia e, in buona dose, saggezza.

Best Seller Pocket

Andrea Benedet

100 modi per risparmiare soldi e tempo con Internet

•

Andrea Benedet

200 modi per risparmiare 2000 euro all'anno

•

Roberto Chiej Gamacchio

1000 rimedi per curarsi con la natura

•

L'arte di vendere

DIVENTARE UN CONSULENTE DI FIDUCIA E REALIZZARE GRANDI RISULTATI

•

Astrologia

LO ZODIACO, GLI ASCENDENTI, LA SINTONIA CON GLI ALTRI SEGNI

•

Auguri e parole per ogni occasione

•

Sabrina Carollo

Galateo per tutte le occasioni

•

Leda Ballinari

Il libro per interpretare i sogni e giocare i numeri

•

Paola Cavallanti (a cura di)

Il manuale degli scacchi

TUTTE LE STRATEGIE E LE MOSSE VINCENTI

La vera smorfia napoletana

Sogni e numeri per vincere al lotto

•

Sabrina Carollo

La vera storia di 400 frasi celebri e modi di dire

•

Sabrina Carollo

Le parole del cuore

Segreti e consigli per non sbagliare mai in amore

•

Sabrina Carollo

Parlare e scrivere senza errori

•

Carmen Meo Fiorot

Pensare positivo

Potenziare l'energia mentale e migliorare la propria immagine

•

Elio Muti

Ricettario dietetico

•

Monica Del Soldato

Santi per 365 giorni

•

Sabrina Carollo

Single & Single

Come vivere da soli ed essere felici